那些令人惊艳的绝美潜点

武鹏程　编著

海洋出版社

北京·2023

图书在版编目（CIP）数据

那些令人惊艳的绝美潜点 / 武鹏程编著. -- 北京 : 海洋出版社, 2023.10

ISBN 978-7-5210-1163-0

Ⅰ. ①那… Ⅱ. ①武… Ⅲ. ①潜水运动－通俗读物
Ⅳ. ①G861.5-49

中国版本图书馆 CIP 数据核字 (2023) 第 170693 号

图说海洋

那些令人惊艳的
绝美潜点

NAXIE LINGREN JINGYAN DE
JUEMEI QIANDIAN

总 策 划：刘 斌
责任编辑：刘 斌
责任印制：安 淼
排 版：海洋计算机图书输出中心 晓阳
出版发行：海洋出版社
地 址：北京市海淀区大慧寺路 8 号
100081
经 销：新华书店
技术支持：（010）62100055

发 行 部：（010）62100090
总 编 室：（010）62100034
网 址：www.oceanpress.com.cn
承 印：鸿博昊天科技有限公司
版 次：2023 年 10 月第 1 版
2023 年 10 月第 1 次印刷
开 本：787mm×1092mm 1/16
印 张：12.5
字 数：208 千字
定 价：58.00 元

前　言

海底世界总给人一种神秘莫测的感觉，它散发着致命的吸引力，使人心生向往，因此潜水被认为是世界上最受欢迎的运动之一，拥抱、融入海洋也是人类最浪漫的梦想之一，从用羊肺潜水，到如今借助各种潜水设备在海底畅游，人们得以更好地了解海洋，接近海底。

海洋中有五颜六色的海洋生物，如帕劳、马尔代夫、印度尼西亚、夏威夷等地的潜点，有绚烂的珊瑚和海葵、横冲直撞的海狼风暴，大的有鲨鱼、魔鬼鱼，小的有可爱的豆丁海马等。

海洋中还有许多神奇的景观，如巴里卡萨大断层、德国水道等，可以由近及远地欣赏它们从透明、浅绿至深绿、浅蓝、深蓝的颜色变化。海洋中的各种神秘洞穴更是让人神往，如伯利兹蓝洞、三沙永乐龙洞等，它们在光线折射下，透出幽幽的蓝色，缔造出让人震撼而诱人的水下秘境。

沉船残骸也是潜水时不容错过的，它们锈迹斑斑地躺在海底，犹如一座座幽灵古堡，那种神秘气息让潜水者难以抗拒。

本书精选世界上那些令人惊艳的绝美潜点，带领大家勇往直潜，直抵神秘的海洋深处，领略藏在海洋中的那些绝美景色！

目 录

海底沉船、建筑

海洋生物、珊瑚

奇岩、怪礁

海底洞穴

其他潜水胜地

布拉克

“凯斯·提贝特”号沉船

布拉克海域的这艘沉船锈迹斑斑，充满沧桑之感，能让每个潜水者都能触碰到它承载的历史印迹，远胜于发现海底宝藏的欣喜、洞穴探险的刺激。

布拉克是一座宁静的小岛，位于西加勒比海，距离大开曼东北方 143 千米。它的整个海域的海水都极其清澈，随意从一个地方走入海中都可以享受潜水的乐趣。

布拉克海域有众多潜点，其中最有名的是被称作幽灵船的“凯斯·提贝特”号沉船潜点。“凯斯·提贝特”号是一艘 100 米左右长的驱逐舰，它是苏联在 20 世纪 80 年代初建造的；苏联解体后被转移到古巴，作为古巴海军的预备舰艇。在古巴闲置了 10 年后，被开曼政府买下作为护卫舰使用。1996 年 9 月，它在执行任务时航行至布拉克岛海岸附近莫名地沉没了。2004 年的飓风“伊凡”又把这艘沉没在海底的驱逐舰完美地折成了两段，成了如今潜水者看到的模样。

布拉克岛上的主要娱乐活动是水肺潜水，可以观看沉船、水底珊瑚以及各种鱼类。

布拉克一词来自盖尔语中的“峭壁”，布拉克岛地势雄奇，以“峭壁”闻名于开曼群岛，在这些悬崖峭壁之中主要有树形仙人掌和龙舌兰，以及各种各样的鸟类，如褐色的鲣鸟、军舰鸟、鹭、蕉森莺等。

开曼群岛是英国在西加勒比群岛的一块海外属地，由大开曼、小开曼和开曼布拉克 3 座岛屿组成。它是著名的离岸金融中心和“避税天堂”，也是世界著名的潜水、旅游度假胜地。

❖“凯斯·提贝特”号沉船

❖“凯斯·提贝特”号沉船的船舱

❖“凯斯·提贝特”号沉船内部

“凯斯·提贝特”号沉船海域的海水能见度很高，而且少有海流，它是西半球唯一一艘公开向潜水者开放的苏联战舰。如今，被折成两段的“凯斯·提贝特”号沉船的船身已被珊瑚和海绵占据，船舱内则成了各种鱼类的栖息地。整个沉船海域活跃着超过100种海洋生物，是梭子鱼、鲇鱼、石斑鱼、鳗鱼、蝎子鱼、玳瑁以及管状海绵生物的家园。

开曼布拉克岛在经济上主要依靠旅游业，特别是水肺潜水。当地盛产钙长石，常常用来制作成珠宝或工艺品。相传2011年威廉王子大婚时，当地人就赠送了用钙长石雕刻的艺术品。

“凯斯·提贝特”号沉船如幽灵般待在布拉克岛海底，与其周边海域丰富的水下生物和谐地融为一体，不仅成为被潜水者最推崇的开曼群岛潜点，也成了潜水者、摄影者探寻海洋秘密的梦想之地。

❖“凯斯·提贝特”号沉船断裂处

❖“凯斯·提贝特”号沉船上的炮

七英里海滩

“三趾鸥”号沉船

三趾鸥主要栖息于海洋上，它是将生命融入大海的海洋鸟类。在七英里海滩北端有一艘“三趾鸥”号军舰，它服役了半个世纪后被沉入大海，成了潜水者心中的天堂。

七英里海滩位于开曼群岛首府乔治敦的南面，是一个被大开曼岛西边的海湾环抱的新月形珊瑚礁海滩。“三趾鸥”号沉船就在这个海滩的北端。

1503 年 5 月 10 日，哥伦布在第四次探险新大陆时，发现了开曼群岛。起先由于周围水域中有许多海龟，西班牙人将其称为龟岛（Las Tortugas）；后因此地产鳄鱼（西班牙语作 caiman），在 1530 年被命名为开曼。

七英里海滩

七英里海滩以美丽著称，虽然叫七英里（约 11.27 千米），但是它的实际长度其实为 8.9 千米，海滩白沙细如粉、沙层绵如锦、海水清澈见底，不仅是开曼群岛最著名的海滩，也是世界上最好的海滩之一，曾被《加勒比旅游生活杂志》称为加勒比海地区最好的海滩。

❖ 七英里海滩

❖ 地狱邮局

❖ 地狱商店

离七英里海滩不远的地狱之路上有地狱商店、地狱邮局，可在此给自己邮寄一份印有“地狱”邮戳的T恤和明信片，地狱邮局、地狱商店的取名是因为它后面有大片150万年历史的黑色石灰岩，显得荒凉又阴森，给人地狱般的感觉。

❖ 海龟农场

七英里海滩的海湾以海龟养殖闻名，海龟农场是世界上唯一的商业性海龟养殖场。每年11月，他们向开曼近海投放海龟，以补充海龟资源的不足。另外，这里还盛产玳瑁制品，在许多当地小店都能买到。

七英里海滩的海岸线是开曼群岛最繁华的地带，聚集着岛上大多数的高档酒店和度假村，此外，还有酒吧、礼品商店、潜水商店等，它们都面朝大海，参差排列，为游客们的海滩生活提供各种后勤保障。

七英里海滩所在的海湾内还分布着一些小礁岩，周围聚集着各种海洋生物。这里最著名的潜点要数海滩北端的那艘“三趾鸥”号沉船，它为潜水者提供了绝妙的潜水环境。

❖“三趾鸥”号沉船

“三趾鸥”号沉船

“三趾鸥”号是一艘军舰，总长76.5米，自1946年开始服役，2011年，在七

“三趾鸥”号军舰最光荣的事迹是作为搜救船曾找到了1986年1月26日“挑战者”号爆炸后的黑匣子。

英里海滩被清空内部杂物，拆除船舱内的一些危险的构件、舱门以及窗户，以确保每个房间都有至少一个出口，然后被沉入了七英里海滩北端海域，成了潜水爱好者的乐园。

“三趾鸥”号沉船因为沉入海底的年限不长，船上的海洋生物并不多，但是这艘有5层的军舰上有众多的房间，没于海水之中的宿舍、食堂、医疗室、推进舱、弹药储物柜、轮舵舱、中舱以及加压舱等，都是潜水者寻幽探秘的理想地点，因此，“三趾鸥”号沉船不仅成了大开曼岛著名的潜点之一，也是全球最好的沉船潜水地点之一。

“三趾鸥”号沉船的最高点距离水面大约只有1.5米。

❖ 欢迎来到开曼群岛路牌

❖ “三趾鸥”号沉船的推进舱

军舰岛

第二次世界大战沉船的代表性潜点

在潜水圈内有传言："没有到过军舰岛，就等于没有真正到过塞班岛"，这句话一点儿也没错。军舰岛很小，也很精致，它是在整个塞班岛海域潜水观赏海底沉船及飞机的代表性潜点。

❖ 很小的军舰岛

❖ 军舰岛

看到这块雕有 Managaha 的石头，就证明已经登上了军舰岛。

军舰岛又被称为"世界十大现代废墟"之一、"日本近代化的化石""世界上现存的最早的钢筋混凝土建筑群""鬼岛"等。

军舰岛很小，周长不到 2 千米，它位于塞班岛西侧中部的外海潟湖之中，距离

这艘大型沉船长约 40 米，船身周围尽是彩色软珊瑚，窗口和舱门全被软珊瑚覆盖。

❖ 军舰岛大型沉船

这架零式水上侦察机静静地躺在 6 米深的海底，机身保存还算完好，很适合浮潜客或水肺潜水者探索。

❖ 被击落的零式水上侦察机

❖ 军舰岛海滩上的沉船

塞班岛很近，乘船 10 分钟就能到达，它的当地名字是珍珠岛，意为珍珠。

第二次世界大战期间，美军轰炸机来到塞班岛上空，见到这座小岛后，误认为是一艘日本军舰，于是投下了许多炸弹，久炸不沉，所以得名“军舰岛”。

军舰岛是亿万年前地壳运动时从海底升上来的珊瑚礁岛，整座海岛都被银白色的沙滩环绕，外围是布满珊瑚礁的浅滩，海水非常清澈，是潜水的好地方，尤其适合浮潜。军舰岛之所以闻名于潜水圈，是因为整个海域有众多第二次世界大战时的残舰、战机和弹壳残骸，其中有一艘约 40 米长的大型沉船，其周围有众多彩色软珊瑚，蝶鱼、粗皮鲷、雀鲷等色彩缤纷的鱼类穿梭其间，美不胜收。

军舰岛虽小，岛上的纪念品商店和小吃店一样都不少。上岛需交纳上岛费 5 美元，加上快艇往返每人 20 美元，共计花费 25 美元左右。在岛上停留的时间不限，但是下午 4 点闭岛。

美丽的塞班岛曾经发生过惨烈的战争，其海域有大量的沉船和飞机残骸。

❖ 军舰岛海底残骸

在军舰岛，即使不会游泳和潜水，站在浅水处，没有鱼食也会有很多鱼围着脚边游动。

这架美国 B-29 轰炸机沉没在军舰岛约 10 米深的海底，是爱好海底摄影的朋友不可错过的美丽奇景。

❖ 军舰岛海底的飞机残骸

图兰奔

“自由”号水下沉船潜点

图兰奔的浅水区海面平静、水下可见度高，无论是初次下水的“菜鸟”，还是经验老到的潜水者都有不错的体验。潜水者在被腐蚀的“自由”号的残破船舱中穿梭时，那种朦胧又充满了幽灵古堡般的神秘意境，绝对能使人乐趣无限。

❖ 图兰奔的石子海滩

图兰奔是巴厘岛东北海岸阿贡火山下的一个海边小渔村，这里没有银行、咖啡馆和酒吧，图兰奔这个名字来自“batulambih”，意思是“许多石头”，这里的海滩上覆盖的并不是细沙，而是由火山石经过风化后形成的大石子，这里的海滩虽然不如巴厘岛其他地方的那么舒适，但却拥有巴厘岛最美的“垃圾潜水”的潜点。

“自由”号沉船

图兰奔最有名的“自由”号沉船潜点是全世界最美的50个潜点之一。

❖ 图兰奔美景

❖“自由”号沉船残骸

“自由”号是美国新泽西联邦造船厂建造的第一艘军舰，曾作为运输船在第一次世界大战时服役，第二次世界大战时依旧作为运输船航行在太平洋海域。1942 年 1 月，“自由”号被日本海军潜艇的鱼雷击中，搁浅在巴厘岛的海滩，从而被废弃。1963 年，阿贡火山喷发，将搁浅在海滩上的“自由”号推入大海。

“自由”号船身长大约 120 米，经过几十年的海水腐蚀，这艘大船已经破碎得不成船形，在海浪的冲刷下，如今的“自由”号已经支离破碎，在岸边水深 3~30 米不等的地带均

由于地形的缘故，这里的浪出奇的大，所以下水和上岸十分麻烦，但是离开浅滩区后海水又十分平静，而且水下生物极其丰富。

图兰奔的潜水方式是岸潜，即直接背着装备从岸上走下去。

❖ 图兰奔海底佛像

分布着这艘船的残骸。这些残骸被珊瑚和海草覆盖着，成了海洋生物和鱼类的乐园，几百种鱼类以此为家，其中包括鲨鱼、隆头鹦嘴鱼、巨石斑鱼这些大家伙。同时，残破的船体部件被珊瑚和各种植物包围着，形成了非常漂亮的构图，能让每位摄影师都拍出完美的海底照片。

“自由”号沉船离海岸近，无需高级潜水证就能潜水欣赏，因此，这艘沉船成了图兰奔最炙手可热的经典潜点，是潜水员心目中全世界排名第一的岸潜沉船潜点。

众多潜点

除了“自由”号沉船潜点外，图兰奔还有众多的潜点可供大家选择，如海底佛像、图兰奔断崖、珊瑚花园等，每个潜点都各有特色。

❖ 鱼群

❖ 珊瑚花园

海底佛像

在巴厘岛根本不用刻意去“探究”“发掘”，这里有无处不在的神像、神龛、神庙，当地人将信仰融为生活的一部分，甚至在图兰奔的海洋深处也有佛像。它们在图兰奔海岸的水深 13 米处，这些海底佛像都是由火山岩雕刻而成的，佛像一共有 5 座，它们形态各异，分别是坐着、侧躺、双掌合十、跪着、靠着的，非常值得去潜水探秘。

图兰奔断崖

图兰奔断崖很陡，从图兰奔海岸浮潜一会儿就能到达，整个断崖顶是一大片珊瑚，一直延伸到断崖一侧 10 米深的地方。断崖另一侧是直落而下的深渊，和“自由”号沉船潜点不同，在这里潜水的人并不多，相对来说比较安静。

珊瑚花园

珊瑚花园是位于“自由”号沉船潜点和图兰奔断崖之间的一大片珊瑚，从海岸边 2~3 米处开始斜着延伸到 20 多米深处。整个海底由软珊瑚、硬珊瑚以及一些水草组成，看上去特别平坦。珊瑚花园中栖息着几百种海洋生物，如狮子鱼、扳机鱼、花园鳗、隆头鹦嘴鱼、小丑鱼、海兔、海马和青蛙鱼等。

罗丹岛

充　满　神　秘　感　的　潜　水　胜　地

罗丹岛曾是海盗的乐园，这里树影婆娑、绿叶撩人，有巨大的珊瑚礁，海水如水晶般清澈闪亮，潜水者可以在珊瑚世界遨游，探寻海盗们藏匿的宝藏。

罗丹岛又名罗阿坦岛，属于洪都拉斯共和国，位于其正北面的加勒比海上，是洪都拉斯群岛中最大的岛屿，面积240平方千米，其风景秀丽，是世界闻名的十大最佳旅游岛屿之一。

在洪都拉斯海域，包括罗丹岛在内的海湾群岛曾经被英国占据。按此推论，曾经的海盗王国罗丹岛，或许是被英国殖民者操控的海盗军团，因为在17—18世纪，英国女王伊丽莎白一世大肆颁发劫掠许可证（说简单点就是海盗许可证，奉旨抢劫），当时西班牙与英国之间战火不断，这些海盗主要劫掠西班牙的运宝船。

斯库巴潜水胜地

罗丹岛是一座世界闻名的珊瑚礁岛，东西长约60千米，南北最宽处约7千米，形状宛如一个梭子。小岛四周被世界第二大珊瑚礁所环绕，有绚丽多彩的珊瑚礁脉和多样的海洋生物。

❖ 罗丹岛

罗丹岛西湾海洋保护区更是被长达18海里的珊瑚礁重重环绕，与加勒比海完全隔绝，使海湾内水平如镜，如今已经成为世界闻名的斯库巴（Scuba）潜水胜地。除此之外，海湾内还拥有全美洲最美丽的沙滩，其纯白色的细沙和清澈的海水，吸引了大批美国游客来此度假。

❖ 岛上原住民玛雅人的形象雕塑

洪都拉斯最早的居民是古代玛雅人，因此它又被誉为加勒比海上的“玛雅明珠”。

海盗岛

洪都拉斯海域地形复杂，传说当年哥伦布航行至此，差点被风暴要了性命，因此给其取名洪都拉斯（意为“无底深渊”）。16世纪时，这里沦为西班牙的殖民地，此后洪都拉斯人经历了漫长的反抗殖民运动，他们与加勒比海上的劫掠者在罗丹岛上组成了上百个海盗团，其中包括著名的海盗王摩根船长，他们劫掠过往的西班牙商船，获得了大量的财宝，如金、银、瓷器等，然后藏匿于罗丹岛的珊瑚礁丛中。

罗丹岛因为海盗藏宝的传说而吸引了大批寻宝者到访，成了潜水者追捧的秘境。据说，在20世纪的时候，有探宝者在岛上发现了一些摩根船长的宝藏，这让罗丹岛更增添了不少神秘感，它也因此被称为海盗岛。

❖ 海盗王摩根船长

亨利·摩根（1635—1688年），出生于威尔士，17世纪侵掠西属加勒比海殖民地最著名的海盗之一，晚年成为牙买加总督。

罗丹岛美景

在印第安人中，加勒比人最早遭受西班牙、葡萄牙等殖民者的掠夺和屠杀，他们勇猛善战，长期与外来入侵者战斗，他们盘踞大海，隐匿于海岛中，总会在殖民者稍有不慎时，给予其重大打击，罗丹岛是当时的加勒比海盗们的大本营。

罗丹岛 90% 的土地被热带雨林所覆盖，生态环境良好。它属于热带雨林气候，温和湿润，全年平均气温 15~28℃，舒适宜人。

斯库巴（scuba）的意思是独立的水下呼吸器。斯库巴潜水能够方便欣赏水下的珊瑚。

罗丹岛海滩

首府罗丹镇码头

❖ 罗丹岛海域的众多沉船

众多的沉船潜点

罗丹岛海域有很多沉船，不知道这些沉船是否来自曾经的海盗时期。这些锈迹斑斑的沉船，有些全部没入海底，有些则搁浅在海岸。沉船周边的水下有许多色彩斑斓的珊瑚和各种海洋生物，每艘沉船都是一处绝佳的潜点。在罗丹岛，无论是潜水、游泳，还是深海垂钓都是不错的选择。

❖ 小镇海边的水屋

罗丹岛的海上浮游生物还会在晚上发出荧光，海底还有荧光鱼，这一切都将海域中的沉船衬托得更加迷幻，吸引了不少潜水爱好者不远千里来此潜水。

除此之外，在罗丹岛的海滩和海上可以参加很多活动，包括一些极限运动，如冲浪；还可以钓鱼、在海滩上骑马、观看或学习传统歌舞等。

罗丹岛在亚洲的名气远小于其他的加勒比海岛屿，但是，只要踏足此处的人，无不称赞它是一流的度假之地，更是潜水者向往的天堂！

罗丹岛附近海域还有一艘“阿尔伯特亲王”号沉船，这艘船曾有一段光辉的历史，当年尼加拉瓜人曾乘坐它逃离他们遭遇战火的国家。1987 年，它被洪都拉斯的 Coco View 度假村购买后故意沉没于海底，作为潜水之地。

❖ 罗丹岛上的雕塑

罗丹镇是一个只有 2 万多居民的小镇，街道两旁的建筑大部分为殖民时期建造的，在镇中心有个地标建筑——钟塔，四面镶嵌着大钟，钟塔一侧竖有一个标牌，为“联合国保护标记”，旁边有一个持枪卫兵把守。

小镇的咖啡厅、商铺、手工艺品商店、餐馆一家挨着一家，挤满了从欧洲来的旅客，非常火爆。

❖ 摩根船长朗姆酒

如今很有名的“摩根船长朗姆酒”，就是以著名海盗亨利·摩根船长的名字命名的酒。

卡什小镇

土耳其最佳的潜水胜地

卡什小镇就像一个遗世独立的世外桃源，隐藏在利西亚路的中途，行至于此，人们不仅可以获得心灵上的宁静，还可以探寻土耳其最佳的潜水胜地！

❖ 卡什小镇商店的墙壁

卡什小镇很多商店的店主都会在墙壁上装饰各种物件，这种习惯和很多地中海沿岸小城的商家很像。

土耳其南部费特希耶至安塔利亚的利西亚路全长约 540 千米，它曾被《星期日泰晤士报》评为“世界上最美十大徒步路线”之一，全程徒步大约需要 15 天，很多人都会在途经美丽的海滨小镇卡什时，因被其深深吸引而不再前行。

古老而美丽的卡什小镇

卡什小镇位于土耳其最南端，距安塔利亚省省会安塔利亚近 200 千米，“世界上最美十大徒步路线”之一的利西亚路和“世界十大沿海公路”之一的 D400 公路都从这里经过。

❖ 方尖碑

卡什小镇不仅坐落于“世界上最美十大徒步路线”之一的利西亚路的中段，同样也是“世界十大沿海公路”之一的D400公路（全程1000千米）的安塔利亚到费特希耶之间最美、最让人迷恋的小镇。

❖ 卡什小镇的街道

卡什小镇特别安静，和土耳其大多数城镇一样，小巷的路都是特别窄的上坡或下坡的小路，街道小巷整洁干净，绿树、鲜花随处可见。

卡什小镇面朝地中海，依山而建，因优越的自然地理条件，从一个乡村小渔港逐步发展成了土耳其著名的休闲度假之地。

卡什小镇是一个十分宁静、安逸的小镇，酒店、饭店、商店沿着中心广场向外扩散。小镇规模不大，一两个小时就能逛遍所有街道。这里和土耳其的其他城市一样，随处可见一些遗迹或古老建筑，如海边高处的古城墙、码头附近的清真寺、利西亚石棺、方尖碑等。

❖ 卡什小镇附近的一处小海滩

地中海沿岸最佳的潜水胜地

卡什小镇最有名的不是商业，也不是随处可见的古迹，而是港湾内美丽旖旎的海滨风光和不一样的海底世界，这才是让利西亚路上的徒步客迈不开步、不忍离去的原因。

❖ 卡什小镇周边海底的飞机

公元前4世纪的利西亚石棺，有3层，非常高大。

❖ 利西亚石棺

❖ 卡什海岸

卡什海域的水质相当清澈，能见度很高，极限能见度高达 30~40 米，美中不足的是海底缺少珊瑚，生物也不多，但是这并不妨碍它成为地中海沿岸最佳的潜水胜地。因为在卡什海域有让潜水者追捧的海底沉船、坦克，甚至还有飞机，这些庞然大物安静地躺在卡什海域，成了当地最丰富的海底资源。

❖ 卡什海域沉入的 1960 年的美制坦克

在卡什小镇，深潜价格极低，基本上与菲律宾宿务岛的潜水价格差不多，如果有潜水证，单次含装备的价格只要 100 多元人民币，这样的价格也低于地中海沿岸其他国家的潜水价格。

拉西奥塔

被遗忘的蔚蓝海岸的潜水小镇

法国 19 世纪的著名作家、小说《红与黑》的作者司汤达曾经在他的一本游记中写道，如果必须选择在法国的一个小镇生活，那么他的首选就是格拉斯或者拉西奥塔。司汤达极力推荐的拉西奥塔的风景不仅存在于陆地上，其海底还有飞机残骸供潜水者探索。

拉西奥塔是马赛的卫星城，位于马赛和土伦之间一块向地中海延伸的半岛之巅上，距离马赛差不多 30 千米。它是法国蔚蓝海岸上一个风景如画的小镇，也是一处有名的潜水胜地。

这是一架第二次世界大战时期的美国庞巴迪战斗机，即洛克希德 P-38G“闪电”战斗机残骸。

❖ 水下“二战”时期的美国战斗机残骸

蔚蓝海岸的魅力

拉西奥塔是法属地中海沿岸一颗得天独厚的明珠，历史上曾经是天主教的一处朝圣地。满城都充满着温情、浪漫，当地人的生活节奏缓慢，港湾、沙滩、海岸码头，港口内的大、小游艇上处处皆是慵懒的、度假休闲的游人。

拉西奥塔地处地中海沿岸，因长期受到海水与海风的侵蚀，周边的石灰岩形成凸凹多姿、陡峭异常的山岩，展现独特的魅力。2018 年 8 月 12 日，有潜水员在拉西奥塔 38 米深的海中发现了一架第二次世界大战时期美国战斗机的残骸，从此，这里便成了一个潜水胜地，这架第二次世界大战时期的战斗机的残骸成了潜水者探奇的秘境。

古老的法式小镇

拉西奥塔是一个坐落在“U”形海湾之内的港口，也是一座典型的、拥有上百年历史的法式小镇。小镇沿着港口的丁字路向内陆高地延伸，沿途最醒目的是一座钟楼教堂，它耸立在街道的入口位置，教堂周围以及整个小镇几乎都是两三层高的古老建筑。拉西奥塔有典型的海岛式狭窄街巷，街巷中零散地开着一些商店、餐厅和咖啡馆。街巷交汇处有一家历史最悠久的电影院，小镇沿海一面的山坡上参差排列着许多海景别墅，其中最有名的要数卢米埃尔宫殿。

游人们纷纷来到拉西奥塔，感受蔚蓝海岸的魅力：钓鱼、潜水、躺在沙滩上、出海休闲，观赏奇岩怪石，抑或探寻电影历史之路。

❖ 卢米埃尔宫殿（部分建筑成为“伊甸园之光”电影院）

《火车进站》的诞生

从拉西奥塔港口的丁字路向南，驾车从沿海公路前行，触手可及的湛蓝海水就在公路一侧，一边观海景一边驱车大约 20 分钟，可以看到一个有

100 多年历史的拉西奥塔火车站，与百年前相比，这个火车站似乎并没有多大变化，依旧古朴、简单，而且还在使用之中。

拉西奥塔火车站是一个有历史故事的火车站，在火车站显眼位置的大理石墙壁上刻着“该火车站见证了世界第一部电影《火车进站》的诞生”，在旁边还有关于“世界电影的创始人”法国卢米埃尔兄弟的黑白照片和简介。电影《火车进站》拍摄的就是卢米埃尔的家人乘坐火车从里昂到达拉西奥塔后进站的画面。因此，这个不起眼的火车站，不仅见证了电影诞生的历史，也见证了小镇的历史。

❖ 卢米埃尔兄弟

法国的卢米埃尔兄弟，哥哥是奥古斯塔·卢米埃尔（1862—1954 年），弟弟是路易斯·卢米埃尔（1864—1948 年），他们是电影和电影放映机的发明人。兄弟俩改造了美国发明家爱迪生所创造的“西洋镜”，将其活动影像借助投影放大，让更多人能够同时观赏。

卢米埃尔宫殿

电影的发明者卢米埃尔兄弟的故乡是法国中部的最大城市里昂，而拉西奥塔却是他们的第二故乡。

1883 年，喜欢艺术的卢米埃尔兄弟的父亲看上了地中海沿岸的拉西奥塔，并在此购买了 11 公顷的土地，耗时近 10 年亲自设计建造了卢米埃尔宫殿，从此，这里成了卢米埃尔一家的第二故乡，也成了卢米埃尔兄弟的电影梦工厂。历史上第一部电影《火车进站》、著名的《被浇水的园丁》等，几乎所有世界上最早拍摄的影片都出自拉西奥塔，也都有卢米埃尔宫殿的影子。毫不夸张地说，拉西奥塔可谓世界电影业的摇篮。

❖ 历史最悠久的电影院“伊甸园之光”

1895 年 9 月 21 日，电影首次走出了卢米埃尔家的宫殿，走出了电影工业业内人士的职业圈，对普通民众放映。卢米埃尔兄弟邀请了 150 多位朋友与熟人在“伊甸园之光”观看了他们拍摄的系列影片。

❖ 电影《火车进站》场景

被称作世界电影史上第一部影片的《火车进站》，是以设在里昂的卢米埃尔兄弟自己家的工厂作为背景，拍摄下来的工人下班的景象。当工厂的大门打开，系着围裙的女工们和骑着自行车的男工们有说有笑地从工厂里出来，随后，厂主乘坐着一辆由两匹马拉着的马车驶进工厂，大门又重新关上。平凡的形象、活动的人群初次出现在银幕上，令人们感到万分惊奇。

❖ 火车站墙壁上关于卢米埃尔兄弟的黑白照片和简介

1895 年，卢米埃尔兄弟发明了活动影像机，这标志着“电影”的诞生。

来到拉西奥塔的游客常会沉醉于古老而又见证了电影历史的文化之中，以至于海底那架第二次世界大战时期的战斗机残骸，仅仅在潜水圈内闻名，很少被游客提及。

百年来拉西奥塔火车站几乎没有太多的改变。

❖ 如今的拉西奥塔火车站

该博物馆位于里昂，主要纪念卢米埃尔兄弟以及记载电影发明历史。

❖ 卢米埃尔兄弟博物馆

楚克岛

世界上最大的沉船墓地

楚克岛是一个连资深的驴友也很少知道的地方，这里没有历史悠久的古迹、繁华的都市、色彩斑斓的海景建筑和奇特、神秘的风土民俗，却拥有世界上最大的沉船墓地。

❖ 美军轰炸下的日军舰艇

❖ 飞翔在楚克岛上空的美军 SBD 轰炸机群

1944 年 2 月，美军开始进行马绍尔群岛战役之时，美国太平洋舰队司令切斯特·尼米兹上将意识到楚克岛日军的众多飞机将对美军构成严重威胁，于是利用美军的空中优势，几经侦探，于 1944 年发动了“冰雹行动”，彻底荡平楚克岛的日军，解除了楚克岛日军的威胁。

楚克岛旧称特鲁克，是密克罗尼西亚联邦的一个州，毗邻帕劳共和国和关岛，是浩瀚的太平洋上一个不起眼的小群岛，它因海底有大量的沉船而闻名。

世界著名的潜点

楚克岛是一座贫穷的小岛，整座小岛由一条很烂的道路贯穿南北。

楚克在楚克语中意为“山”，它是楚克群岛中最大的一座岛屿，该岛呈三角形，环礁围成的楚克潟湖与周围大小不等的许多岛屿围成一个面积约为 2129 平方千米的

❖ “冰雹行动”前夕，准备出击的美军飞行员们在待命室内谈笑风生

海域，仿佛浮在大海上的一串宝石。楚克潟湖中有众多的沉船和漂亮的珊瑚，因而成了世界著名的潜点，是沉船潜水的不二选择。

“冰雹行动”

楚克岛虽然名不见经传，也非交通要冲，但是第二次世界大战时，日军在中途岛之战惨败后，便将日军联合司令部迁移到楚克岛，使这里成了日军在南太平洋防线的心脏。楚克潟湖也成了当时日本在太平洋的主要海军基地，驻扎了日本大

❖ 楚克岛海底的防毒面具

楚克岛海底沉没了大量除了军舰、坦克、飞机等之外的生活物品，如药瓶、盘子、鞋子以及防毒面具等。

密克罗尼西亚联邦为西太平洋岛国，全国陆地面积 702 平方千米。全国有 607 座岛屿，波纳佩岛为最大的岛屿，首都帕利基尔位于该岛上。密克罗尼西亚联邦位于加罗林群岛，属于太平洋三大岛群之一的密克罗尼西亚群岛，希腊语字根为“小岛”之意。

楚克岛周围的沉船载满了货物，如战斗机、坦克、推土机、铁路汽车、摩托车、鱼雷、地雷、炸弹、弹药，还有收音机、数千种武器和人类遗骸等。

1971 年，雅克·伊夫·库斯托曾对楚克潟湖进行探测，当年沉没在湖底的驱逐舰和飞机都已长成珊瑚礁。

❖ 海底沉没的坦克

部分军舰和军用运输船。1944年，美军发动“冰雹行动”，以摧枯拉朽之势，对楚克岛进行了连续3天的轰炸，日军遭受毁灭性的打击，被称为“日版珍珠港”。

❖ 楚克岛海底65米处的“旧金山丸”沉船

幽灵舰队

美军发起的“冰雹行动”，造成楚克潟湖方圆十几海里内日军的60艘舰艇和249架飞机，以及大量的武器弹药、军车和坦克被摧毁，沉入楚克潟湖底部的日军达3000人以上，楚克潟湖因此成了世界上最大的沉船墓地。有一些潜水员甚至说楚克岛沉船遗迹中有鬼魂出没，这些沉船也因此被称为幽灵舰队。

❖ 海底船舱内的卡车

俄罗斯《真理报》评选出世界上最神秘和恐怖的十大地方之一，除了楚克潟湖外，还有与死人为伍的马特博物馆、墨西哥索拉诺州的魔法市场、阴森森的“曼查克沼泽”、弥漫着尸臭的巴黎地下墓室以及鬼魂游走的美国加利福尼亚州的温切斯特神秘屋等，让人不禁脊背发凉。

❖ 楚克岛沉船内的骷髅

楚克潟湖在第二次世界大战中成为日本在太平洋上最重要的补给运输中转战略枢纽。日本海军在对美国珍珠港实施偷袭之前，所有参战舰只都在楚克水域进行了最后的军事演练，楚克基地还参与了日军太平洋战役的所有军事活动。

❖ 楚克岛沉船的船舱

这艘被炮弹炸沉的军舰的船舱中有几个巨大的孔洞，成了鱼类和潜水者进出的地方。

楚克岛是潜水爱好者探索的最佳目的地之一，但只有拥有潜泳资格证的人才可以在这里潜水。

❖ 海底沉没的飞机

“冰雹行动”早已过去，楚克潟湖海底庞大的舰艇残骸群，早已长满了五颜六色的珊瑚，成了无数鱼群的乐园，也成了潜水员和历史爱好者梦寐以求的探索对象。

危险的潜水胜地

楚克岛沉船以及伴随而生的珊瑚是世界上最壮观的海底奇景之一，同时也是深海潜水爱好者的天堂，但是，这里的沉船中有大量的石油和化学品以及没有爆炸的弹药，使很多潜水者下水后就失去联系，这又为幽灵舰队增加了许多恐怖和神秘感。

潜水者潜入这里的海底，仿佛那场旷世的战争就发生在眼前：震耳欲聋的爆炸声，熊熊燃烧的烈焰，撕心裂肺的惨叫。这些都带给潜水者一种别样的感受。

科隆岛

沉　船　潜　水　天　堂

1944 年美军的一次轰炸行动，导致 24 艘日本海军的舰艇（军舰、补给舰、运输舰、征用的商船等）被炸沉在科隆海域。曾经激荡的第二次世界大战的战场，如今成了潜水者探索历史的天堂。

世界上最有名的沉船潜水地有两个：一个是楚克岛，另一个就是科隆岛。

此科隆非德国的科隆，而是位于菲律宾巴拉望省北部的科隆岛，这里因为第二次世界大战期间美军一次规模不大的空袭，而造就了一个世界级的沉船潜水胜地。

❖ 科隆岛美景

美军的一次 15 分钟的空袭

第二次世界大战期间，美军陆续在马里亚纳群岛和帕劳群岛的海战中打败日军，日军兵力收缩到菲律宾群岛附近。为了彻底打击日本海军力量，1944 年 9 月中旬，美国的麦克阿瑟上将派马克·米切尔海军中将率领第 38 特混舰队，对菲律宾群岛附近的部分岛屿进行了大规模空袭，击沉了大量的日本海军军舰，迫使日本海军向西撤退到科隆海域。

1944 年 9 月 24 日，美军第 38 特混舰队继续出动轰炸机群，远程奔袭科隆岛，飞行了近 550 千米，于当日凌晨 5 时 50 分抵达科隆湾后，只用了短短的 15 分钟，就完成了投弹并返航。这次轰炸共有 24 艘日本舰艇被击沉，其中包括军舰、补给舰、运输舰、征用的商船等。

奔袭轰炸科隆岛的战机包括 96 架 F6F 地狱猫战斗机和 24 架 SB2C 地狱俯冲者，它们是从“埃塞克斯级列克星敦”号（CV-16）和“兰利”号（CVL-27）上起飞的。

❖ “兰利”号（CVL-27）

❖ 鸟瞰科隆岛

科隆岛由众多海湾和小岛组成，整个海域有众多绝美的潜点，这些潜点又以沉船潜点最为诱人。

❖ 沉没前的“兴川丸”

“兴川丸”几乎是水平坐沉，轻微向左舷倾斜，船头指向罗盘方位330度，甲板深度为10~16米，主甲板距离水面约16米，最大深度26米左右，适合沉船潜水的初学者。对于进阶沉船潜水员来说，“兴川丸”还可提供非常棒的穿越潜。

举世闻名的沉船潜水胜地

如今，在科隆海域有超过15艘沉船，其中，10艘是第二次世界大战时被美军炸沉的舰艇，还有一艘是误入此地的中国沉船。科隆海底的这些沉船主要集中在科隆南部，它们包括科隆近岸的沉船架；科隆南部的桑加特海域（也是沉船最集中的海域），包括4艘大型沉船，分别是食物补给舰“伊良湖”号、辅助补给舰“工业丸”、辅助补给舰“奥林匹亚丸”、辅助补给舰“极山丸”，以及两艘小沉船东汤加炮艇和吕宋炮船；概念海域有两艘沉船，分别是水上飞机母舰“秋津丸”、燃油补给舰“兴川丸”。

除了以上处于科隆南部的8艘沉船之外，西部和北部还有供油船南进沉船和辅助补给舰“旭山丸”等，这些沉船成就了科隆岛举世闻名的沉船潜水胜地地位。

兴川丸

“兴川丸”全长165米左右，是一艘TL型万吨级快速油轮，从宽度和体积上说，它是科隆岛最大的沉船。

❖“兴川丸”水下的样子

“兴川丸”是一个非常好的体验沉船潜水和沉船穿越的潜点。它的舱体宽敞，非常适合初学者练习沉船穿越技巧，在科隆岛学潜水的人都喜欢把这艘船作为最终考核的潜点。

❖“伊良湖”号沉没前

“伊良湖”号于1940年5月30日在日本川崎重工的神户船厂开工，1941年2月14日下水，1941年12月5日竣工。1944年9月24日在科隆湾遭美机重创后被放弃。

“兴川丸”竣工于1943年10月31日，1944年元旦正式获得日本海军军籍，归类为特设输送船（给油船），主要负责东南亚原油运输和补给。1944年9月21日，它在奉命为马尼拉的驱逐舰“皋月”号进行燃油补给时，遭到美军轰炸机袭击，船板被撕裂，引起部分燃油泄漏，为躲避美军的持续空袭，当天晚上9点，“兴川丸”离开马尼拉，前往西南方的科隆海域躲避。

1944年9月24日早上，“兴川丸”再次遭到了美军轰炸机的袭击，船头折断，服役不到一年的“兴川丸”沉没在科隆湾的浅水处，成了一个巨大的珊瑚礁，船身遍布各种硬珊瑚和软珊瑚，成了世界各地潜水爱好者的乐园。

❖“伊良湖”号

科隆岛曾被全球知名杂志赞誉为“世界十大热门潜水景点”之一，在1967年即被指定为鱼类、野生动物保护区。海底有600多种珊瑚，是全世界最多的，甚至比澳大利亚大堡礁的400多种还要多，是许多潜水者心中的梦幻岛屿。

“伊良湖”号因不会直接参与战斗，所以采用了专烧煤炭的旧式锅炉，还加高了烟囱，防止煤烟污染食品。

整体训练有素、经验丰富、装备妥善的潜水者还能在“伊良湖”号的引擎室进行非常漂亮的深层渗透潜水。

“伊良湖”号于1941年2月14日下水，该舰装有食物储藏设备、食品制造设备和洗涤设备，舰内一次携带的食物可供2.5万人食用2周。“伊良湖”号上还有各种冷饮、甜品和洗浴、洗涤设施，供前线士官和卫生条件较差的各驱逐舰、巡洋舰舰员入浴、洗涤。

“伊良湖”号

第二次世界大战期间，随着对美战争爆发的可能性加大，日本海军舰队对粮食的需求量也随之增加，而日本当时的给粮舰只有1艘“间宫”号，因此日本军方又造了一艘长146.9米、重9570吨的食物补给舰“伊良湖”号，该舰1941年12月竣工后，一直承担战地粮食运输任务。1944年1月被美国潜艇炸伤，修理后于9月21日进入科隆海域，3天后遭遇美军空袭并被重创，从

❖“极山丸”沉入状态

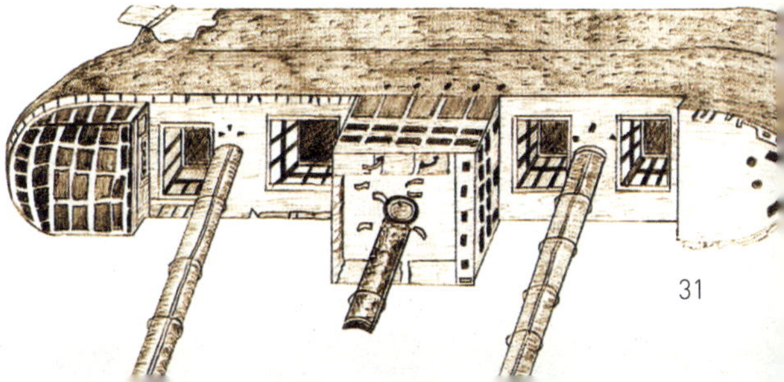

❖“极山丸”被征用前的照片

“极山丸”在被日军征用前是一艘仅有 19 个房间、能搭载 64 名乘客的民用客运船，在船头位置有醒目的船名，叫作“Morazan”。

巴拉望被誉为菲律宾唯一幸存的海上乌托邦，这是一个用放大镜才能在地图上找到的菲律宾小群岛，而科隆岛更被誉为菲律宾最后一片净土，以保存完整的自然原始景观闻名于世，被人们称为“自然的最后一道防线”。

❖“旭山丸”沉船的桅杆

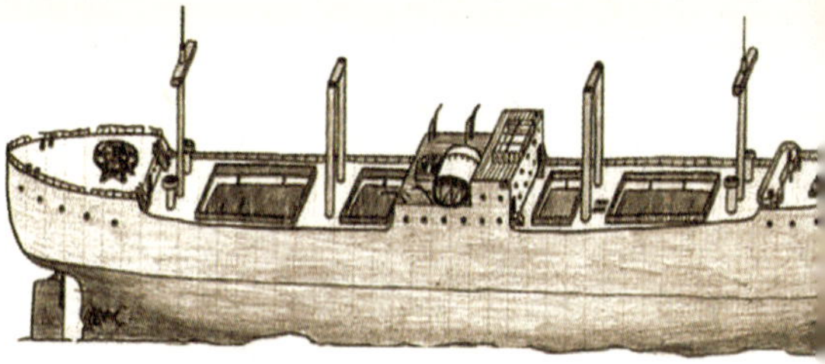

❖“旭山丸”水下的形态

船头开始缓慢下沉，直至完全沉入大海。

“伊良湖”号的船体保存得非常完好，几乎是直立于海底，倾斜约 10 度，尾部水深 45 米，沉船海域能见度高，是科隆海域沉船潜水中比较知名的一艘沉船。

极山丸

“极山丸”建于 1908 年，是由英国斯科特造船厂建造的，是以烧煤为动力的蒸汽船，船身长度为 137 米，排水量 2984 吨，1921 年改造为烧燃油为动力，先后使用过 Hector、A 191、Morazan、Manco 等名字。1941 年 12 月前，它只是一艘悬挂巴拿马旗的民用客运船，太平洋战争爆发后，被日本人强行征用，改造为辅助补给舰。1944 年 9 月 24 日，停泊于科隆海域的“极山丸”被美国轰炸机击沉。

“极山丸”右侧有个巨大的破损口，因此，也有人认为它是被潜艇直接击中，而非损于空袭。“极山丸”整船向右舷倾覆在

❖“旭山丸”沉船

海底，最深处为 25 米，左舷船体距离水面最浅处为 12 米，是科隆海域比较适合潜水探险的一艘大船。

旭山丸

“旭山丸”是第二次世界大战时期日本海军的一艘辅助补给舰，全长 135 米，配备双联 25 毫米机关枪。1944 年 9 月 24 日，“旭山丸”在科隆北部海域遭到美军 VB-19 战斗机袭击，船身左舷着火，船员们弃船逃生后，“旭山丸”沉入海底。

“旭山丸”位于海平面以下 40 米处，甲板深度为 22~28 米，保存得相当好，目前仍能在船舱里看见当初它运载的卡车和小汽车的残骸。

“旭山丸”沉船离科隆岛其他热门潜点比较远，这里与南进沉船一样，是一个远离喧嚣的潜点。

工业丸

“工业丸”于 1927 年 2 月 13 日建造于日本江户蒲贺造船厂，全船长 129 米，配备 25 毫米三联机关枪。1931 年 10 月 13 日，它作为辅助补给舰在日本海军服役，主要用于飞机跑道的基建材料和各种建筑设备的运输。1944 年 9 月 24 日停泊于科隆海域，被美军轰炸机直接击沉，船体侧翻，甲板上方的货舱口垂直于海床，沉船位于海平面以下 39 米处，船上 39 名船员无一生还。

❖“工业丸”沉没之前

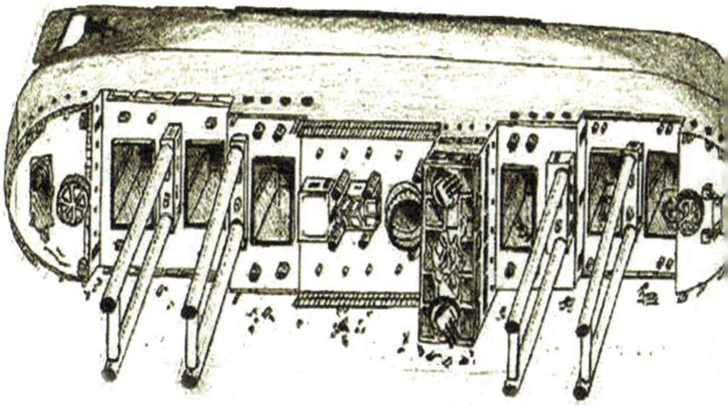

❖“工业丸”沉没的样子

❖“奥林匹亚丸”

❖"奥林匹亚丸"上仰面朝上的洞

❖"奥林匹亚丸"沉船

"奥林匹亚丸"不仅是一艘补给船，船上还有一间小监狱，如今潜水员能在海底探索船上的监狱。

"秋津丸"可为日军大型水上飞机提供整修和补给，因此舰尾设置了20吨大型吊车，同时也作为主桅杆使用。

❖"秋津丸"

如今，"工业丸"沉船成为科隆岛一处知名潜点，潜水者在其船舱中可以看到当初运载的大量石材、水泥、电线等建材，还有水泥搅拌机和一台推土机等基建设备。

奥林匹亚丸

"奥林匹亚丸"是第二次世界大战时期日本海军的一艘补给舰，船长122米，宽约17米，排水量5612吨，船体带有巨大的船舱。1944年9月24日，在科隆岛南部桑加特海域的"Tangat"岛附近，被美国太平洋舰队击沉，因此也被称为"Tangat Wreck"。

"奥林匹亚丸"沉于水深32米的海底，沉船左舷有一个很大的洞，洞口仰面朝上，离水面仅仅12米，海水能见度高，每当阳光从左舷洞射入船舱，仿佛是佛光一般，这里也是潜水者最爱的摄影之地。

"奥林匹亚丸"沉船潜水难度不大，是高级潜水员和入门潜水者的最佳选择。

秋津丸

“秋津丸”也被翻译成秋津洲、秋岛，这是一艘水上飞机母舰，也是科隆岛最著名的一艘第二次世界大战时期的沉船。

“秋津丸”完工于1942年4月29日，船长114.8米，排水量4650吨，航速19节，是当时最新、最大的水上飞机母舰，装备于日本海军第11航空舰队，该舰造型特殊，未设计主桅杆，而是由舰尾的吊车支柱充当桅杆。

“秋津丸”在1944年9月24日被炸沉前，就曾因美军在楚克岛进行的“冰雹行动”而被炸坏，修复后被派往菲律宾海域，再次被轰炸，船身几乎被炸成两段，内部损坏相当严重，左舷呈90度沉没在科隆海域，成为世界各地的潜水爱好者的潜水乐园。

❖“秋津丸”向左舷90度倾覆

这是“秋津丸”沉没海底的样子，船中间有一道很大的裂缝。由于船舱较大，常年被海水腐蚀，因此，船舱内可能会有金属污染，没有沉船潜水证书的潜水者是不允许进入船舱的。

❖“秋津丸”上锈迹斑斑的炮弹

❖“秋津丸”上的标志性炮台

南进沉船

南进沉船全长50米，是第二次世界大战时期的一艘日本海军供油船，主要为东南亚各处锚地的日本坦克基地运送汽油、柴油、润滑油等石油制品。在1944年9月24日美军空袭科隆岛时被击中，沉没于科隆岛西部海域的黑岛边，所以又称为黑岛沉船。

❖南进沉船的水下状态

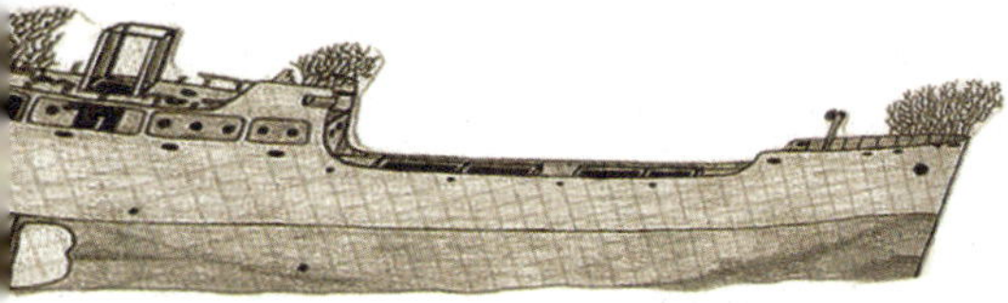

南进沉船位于海底34米处，船头及甲板离海面18米左右，水流平稳，又因远离科隆岛其他热门潜点，所以到访的人很少，也正是因为如此，这里是一个远离喧嚣的潜点。

❖ 沉入海底的东汤加炮艇

东汤加炮艇和吕宋炮艇

东汤加炮艇

东汤加炮艇和吕宋炮艇是科隆海域最小的第二次世界大战时期的沉船，它们都是日本海军的巡逻炮艇。1944年9月24日美军空袭科隆海域时，因它们的船身太小，不值得浪费炸弹，而遭到美军战斗机的集中扫射，被打得千疮百孔，沉入海底。

东汤加炮艇长45米，沉于科隆海域南部桑加特东面的海底18米处的斜坡上，船尾朝下，船头朝上，退潮时离海面仅3米。

吕宋炮艇

吕宋炮艇长约35米，沉于科隆海域南部卢松岛东南海底12米处，船尾朝下，船头朝上，是科隆海域最浅的第二次世界大战时期的沉船，船头离海平面仅几十厘米左右。退潮的时候船尾会露出水面，可以在海面上看到这艘炮艇。

❖ 水中的吕宋炮艇

❖ 沉船架

东汤加炮艇和吕宋炮艇离水面近，船体都已经空空荡荡，对潜水初学者来说，是既安全又能欣赏美丽的海底沉船的地方。

沉船架

沉船架并非第二次世界大战时期的沉船。据说沉船架曾是一艘长 25 米的中国渔船，几十年前因触礁于科隆海域而沉没在海底 22 米处的珊瑚丛中，它最浅处离水面仅 5 米，如今船体只剩下残骸，故名为沉船架。

沉船架离科隆岛最近，而且是潜水难度最小的一处沉船，因此这里是初级潜水者最爱的潜点之一。

科隆岛附近有很多潜水秘境

科隆海域的这些沉船，除了沉船架外，其他的均为第二次世界大战时期的日本沉船，它们或为油轮，或为货船，在美军的轰炸下，被击沉于海底，大部分被完好地封存至今，保持着沉没前最后一刻的景象。这些沉船与大量的珊瑚、鱼类一起，形成了一个绝美的海底世界，是潜水者热衷于探索的秘境。同时，这些沉船使科隆岛成为世界闻名的沉船潜水胜地。

除了沉船潜水外，科隆岛附近还有很多潜点，如镜湖、海狼湖都是美到让人窒息的潜水之地；在科隆岛北部水域，潜水时能邂逅儒艮，这是全世界潜点中并不多见的奇景。科隆岛附近的潜水秘境还有很多，等待潜水者亲自去探索发现。

❖ 科隆岛美景

博奈尔岛

“希尔玛·胡克”沉船潜点

博奈尔岛拥有绵长的海岸线和众多鸟类，全岛保留了不曾雕琢的自然魅力，是一个观鸟旅行和海滩度假胜地。在它那美丽静谧的海底世界中有纷繁的珊瑚与沉船，是潜水者不可多得的水下乐园。

❖ 博奈尔岛码头

博奈尔岛位于加勒比海中心，是荷属安的列斯群岛的岛屿。全岛长约35千米，最宽处不过10千米，面积288平方千米，像一个反写的“厂”字镶嵌在碧海之中。

博奈尔岛以火烈鸟（红鹤）而闻名，有“火烈鸟（红鹤）岛”之称。相传火烈鸟会在南焰山，用天火将自己的羽毛点燃，将火种带回楼兰古国，然后在天翼山化成灰烬，象征着一往无前的勇气和酣畅淋漓的生活方式。

❖ 火烈鸟

淳朴自然的小岛

博奈尔岛位于加勒比海飓风带的范围以外，全年气候宜人，是一座风景美丽的小岛。岛上仅

博奈尔岛上的人文景观并不多，使人印象深刻的就是分布在海边的、殖民时期的低矮黑奴屋，这些地堡式的石头房子是一段黑暗历史的见证。

❖ 黑奴屋

❖ 博奈尔岛绝美的海岸线

有两个没有太多特色的小镇，居住着岛上绝大多数的居民。

博奈尔岛淳朴自然，一切皆是纯天然的景致，岛上有华盛顿斯拉格巴伊国家公园生态保护区、火烈鸟保护区、驴保护区和海洋保护区。各个保护区内栖息着 200 多种鸟类，其中最具特色、最多的要数火烈鸟。游客来到博奈尔岛可以选择骑马或者徒步沿途观鸟，也可以参加攀岩或者丛林探险等活动。

博奈尔岛又名波内赫，与附近的阿鲁巴岛和库拉索岛并称为“ABC 群岛”，与同为荷兰公共实体的圣尤斯特歇斯岛和萨巴岛合称为“BES 岛屿”。

火烈鸟代表着忠贞与爱情、张扬的青春、不灭的意志、无穷的精力和幻想、多变。

拥有绝美的海岸线

博奈尔岛拥有绝美的海岸线，海滩边配套设施比较完善，有商店、观景餐馆、躺椅，甚至有烧烤架出租。在博奈尔岛不仅能在沙滩上玩耍、晒日光浴、下海游泳，还能根据自己的技术选择不同的冲浪点玩一把冲浪，这里既有新手冲浪的浅滩，也有勇敢者冒险冲浪的无畏冲浪点。

博奈尔岛最出名的就是潜水，几十年来它一直高居世界最佳潜水地的榜首位置，当地车牌上就炫耀地写着“潜水者的天堂”。

除此之外，博奈尔岛一直保持着纯净的海水环境，水下有各种珊瑚、350 余种鱼、蟹、海龟和海马等，被誉为“世界最佳浮潜地”之一。海岸线沿途有 86 个适合潜水的潜点，都已被管理者用黄色漆在石头上做了标记。在这里，不管是浮潜还是深潜都能找

❖ 博奈尔岛适合新手冲浪的浅滩

❖ 博奈尔岛浮潜

❖ “希尔玛·胡克”号

到合适的潜点，其中最有名的一个潜点就是“希尔玛·胡克”号沉船潜点。

“希尔玛·胡克”号沉船潜点

“希尔玛·胡克”号沉船是一个世界知名的潜点，位于博奈尔岛的克拉伦代克附近。

“希尔玛·胡克”号是一艘长72米的货船，1951年5月被命名为米茨兰，几十年内几经易手，也几经更名。1984年，“希尔玛·胡克”号遭到美国联邦调查局和国际刑警组织的监视和搜查，在船上发现了近12吨大麻，船长和所有的船员都被拘留，船只也被搁置在博奈尔岛码头上无人问津，年久失修后被沉入海底。

如今，“希尔玛·胡克”号沉船及其附近已被无数的海绵以及大量的海洋扁形生物环绕，并且有众多鱼类活动，成了世界上最好的沉船潜点之一。

❖ “希尔玛·胡克”号沉船

“希尔玛·胡克”号当年搁置在博奈尔岛码头，因一直没人维护而变得锈迹斑斑，当地政府担心船会沉没在码头，影响到码头船只的进入。有潜水者给出一个创意——“将此船击沉，创建一个新的潜水地点”。因此，“希尔玛·胡克”号被拖到了现在这个位置，随后被击沉。

塞舌尔

著 名 的 Ennerdale 沉 船

塞舌尔以美丽的海滩吸引了全世界人们的眼光，作为“一生要去的50个地方”之一，塞舌尔的海滩多次入选美国《国家地理》杂志评选的“全球十大海滩之一”。塞舌尔不仅海滩是一绝，其海底世界也独步天下，有许多闻名遐迩的潜点，“Ennerdale”沉船就是其中最著名的潜点。

在塞舌尔群岛的主岛马埃岛与第三大岛锡卢埃特岛中间有一个延绵数百千米的海湾——鲨鱼滩，这里以观赏鲸鲨而闻名，其海底水深30米处有一艘“Ennerdale”沉船，是塞舌尔最著名的潜点之一。

在塞舌尔有巨大“象龟”、塞舌尔天堂捕蝇草、世界上最小的青蛙以及伊甸园里的禁果——“雌雄同体”的海椰子。

“Ennerdale”沉船

“Ennerdale”沉船原本是一艘游轮，1970年航行至鲨鱼滩海域时因触碰到海底岩石礁，断裂成三截后沉没在海底30米深处，如今这片海域的礁石与沉船一起被称作“Ennerdale”。

❖ 塞舌尔美丽的风景

塞舌尔是一个位于东非印度洋上的岛国，由 115 座岛屿组成，面积仅 455 平方千米，因靠近索马里，海盗比较猖獗。

塞舌尔是一个袖珍岛国，虽然没有马尔代夫那么出名，但是也备受富豪名流的青睐，威廉王子夫妇的蜜月游、乔治·克鲁尼和妻子阿迈勒·克鲁尼度假、贝克汉姆夫妇的 10 周年结婚纪念都是在这里度过的。

❖“Ennerdale”沉船

如今，“Ennerdale”沉船的前部和中部被腐蚀得很严重，不过尾部却相对完整，人们能轻松潜入驾驶室、螺旋桨附近，还有变形扭曲的各个房间。沉船残骸与周边礁石早已被白鳍鲨、蝙蝠鱼、黄貂鱼、巨型海鳗、石头鱼、鹰鳐、狮子鱼和梭鱼等多种海底鱼类占领，成为它们的栖息地，这里也因此成为世界公认的最理想的潜点之一。

浮潜是零距离接触大海的捷径。无须担忧游泳水平或年龄大小，只要愿意尝试，穿上救生衣、戴上面罩，就能以最低风险的方式融入大海。

塞舌尔海域有众多的沉船

塞舌尔位于飓风带之外，常年气温在 24~30℃，全年均可潜水，是一个天然、巨大的海底梦幻世界。

❖被鱼群包围的“Ennerdale”沉船

除了“Ennerdale”沉船外，塞舌尔还有其他沉船潜点，如 2008 年 7 月被人为炸沉的捕捞船“Aldebaran”，这是一艘日本非法捕捞船，在捕捞作业过程中搁浅在塞舌尔海域。

此外，在马埃岛海域约 15 米深处，还有一艘不明身份的沉船。当地潜水协会也特意放置了一些沉船，如深度 15 米的“Twin Barges Wreck”和深度 27 米的“Dredger Wreck”等，这些沉船都已经成了海洋生物们的乐园，形成了自己的生态，使塞舌尔的海底更具诱惑力，也更加增加了这个潜水胜地的神秘色彩。

❖ 日本“Aldebaran”沉船的零件

塞舌尔很多的酒店和度假村内有提供 PADI 认证的潜水中心，游客可以在此享受更加专业而安全的潜水服务。

鲨鱼滩海域的浅滩处是全球欣赏鲸鲨的最佳潜点之一，每年观赏鲸鲨时期，为了不惊扰到鲸鲨，不允许在鲸鲨出没的海域进行水肺潜水。

塞舌尔、马尔代夫以及毛里求斯被称为印度洋上的“三大明珠”，也是当今世上最纯净的地方之一。

从中国前往塞舌尔基本都需要在迪拜、阿布扎比、多哈等地转机。目前，塞舌尔航空已开通直飞北京和我国香港地区的航班。

❖ 塞舌尔沉船

百万美元角

著 名 的 军 事 遗 迹 潜 点

第二次世界大战后，美国人和法国人赌气，他们把整个军事基地的物资都扔进了太平洋，从而成就了一个世界级的潜水胜地。

❖ 桑托岛水下历史遗迹

蹦极的鼻祖：瓦努阿图依旧保持着非常古老的历史传承，男孩长到十几岁后，需要登上一座几十米的木架高塔，然后用藤条绑住脚踝，一跃而下，使勇敢者的脸触及地面，这便是男孩成为男人的标志。

❖ 瓦努阿图成人礼

瓦努阿图是南太平洋上一个很原始的岛国，位于所罗门群岛以东，斐济以西，澳大利亚东北处。第二次世界大战时期，瓦努阿图的桑托岛曾是美军的主要军事基地之一和供应基地，有超过 4 万名常驻士兵。当时美国在太平洋作战的主要海军和陆军部队的总部就设在桑托岛，随之配套的飞机、大炮、坦克、卡车、舰船都会囤积在这个军事基地中转或者维修，还有家居、衣服、啤酒等战争所需要的一切物资也都在这里中转。

第二次世界大战后，美国撤军时，桑托岛交由英法联合殖民政府接管，岛上在第二次世界大战期间修建的建筑和不计成本运来的各种物资，美国人根本无法运走，因为运输成本太高，不划算，于是美国人就和法国人商量，想将这些物资留下来卖给他们。而法国人却想，“你运不走，反正也得留给我。”于是坚决地回答：“不买。”

法国人的决定惹怒了美国人，“想白捞，门都没有。”随后美国在撤军前，毁坏了几乎所有的建筑，还修建了一条通往大海的轨道，将绝大部分物资都沉入大海，这个地方就是如今有名的“百万美元角”潜点。

如今，在桑托岛陆地上还能看到当年美军的军营和士兵夜晚娱乐的场所旧址，还有毁坏的战斗机以及各种军用设备的零件残骸等。在“百万美元角”水下，从10米开始，一直延续到50多米的一片水下斜坡上，有堆积如山的车辆、机械、轮胎等。当时美国人的赌气行为，无意间将桑托岛打造成了一座有故事的旅游岛，更成了潜水探险者的乐园。

桑托岛有被誉为“世界第八海滩”的香槟海滩；有神秘幽深、近1千米长的千年洞；有色彩幽幻、水质清澈的蓝洞；有遗留众多历史遗迹的潜水胜地百万美元角；还有著名的潜点——美国第二次世界大战时期的游轮“柯立芝总统”号。

1606年葡萄牙探险家佩德罗·费尔南德斯·德奎罗斯发现瓦努阿图，并将一座岛屿命名为圣澳拉特斯岛，即今天的桑托岛。1774年，英国航海家库克船长绘制了瓦努阿图的地图，并将它命名为新赫布里底群岛。

❖ 桑托岛水下残骸

“柯立芝总统”号

世界上最大、最棒的残骸潜水地

那些静静蛰伏在水底的沉船残骸，就像神秘的黑洞吸引着人们前往。在潜水界，“柯立芝总统”号沉船无疑是最令人难以抗拒的一种诱惑，其尘封的故事和航上沉没的财宝，是每个潜水者不断探索的动力。

❖ 鸟瞰桑托岛

瓦努阿图的桑托岛原始而古老，这里的陆地和水下到处都是历史遗迹，除了“百万美元角”之外，还有被《时代》杂志称为“世界上最大、最棒的残骸潜水地”——顶级沉船残骸“柯立芝总统”号。

这张照片中背景墙上的瓷画《夫人》即是如今“柯立芝总统”号的标志，已经被挪到船尾过道，成为打卡景点。

❖“柯立芝总统”号的休息室

当时最豪华的邮轮

“柯立芝总统”号是由美国纽波特的纽斯造船厂于1931年建成的，是当时全世界最大、最坚固、最豪华的一艘邮轮，以美国第30任总统约翰·卡尔文·柯立芝的名字命名。

“柯立芝总统”号有两个特等套间、307个头等舱位、133个二等舱位、170个三等舱位和380个统舱舱位，可以搭载990名乘客和324名船员。

“柯立芝总统”号邮轮初期承运着横跨太平洋的旅客和商业运输服务，往返于旧金山、檀香山、上海、神户和马尼拉之间。

"柯立芝总统"号触雷后撤离的场景

撞上了自家的水雷

1938 年，"柯立芝总统"号因经营不佳，抵押给了美国政府。1941 年 6 月，这艘豪华邮轮的头等舱以及内部的家具被拆除，船头和船尾被装上了 5 门防空炮和 12 挺机枪，从此"柯立芝总统"号成了一艘军用船只，可以搭载超过 5000 名士兵。

"珍珠港事件"后不久，1942 年 10 月 26 日，"柯立芝总统"号运载着 5342 名士兵驶往太平洋，为了避免被日本舰船盯上，在驶入南太平洋时，它选择了靠近桑托岛（当时美国在太平洋的一个军事基地）海岸行驶，结果躲过了敌人的袭击，却撞上了美国海军布在桑托岛沿岸环礁入口处的水雷后被炸沉，因靠近海岸，加上救援及时，整个事件仅 2 人溺水而亡。

"柯立芝总统"号沉没前

"柯立芝总统"号潜点虽然适合所有潜水者，但对初级的潜水者来说，保持在 6 米左右的潜水深度是最好、最安全的选择。

"柯立芝总统"号船舱内部

"柯立芝总统"号船舱内潜水

❖《夫人》

《夫人》是一幅瓷画，是“柯立芝总统”号的象征，原本悬挂在“柯立芝总统”号的休息室内，后来被潜水者挪到了船尾的通道尽头，这里是“柯立芝总统”号船尾缺口（入口）处，因此每个潜水员都是先从拜访《夫人》开始探索。

让每个潜水者都为之惊叹

“柯立芝总统”号这艘巨型豪华大船，就这么倒在了自己人布的水雷下，永远沉没在桑托岛沿海的水底。它因离海岸线近（仅30米）而被称为最易抵达的海底沉船。

现今，“柯立芝总统”号沉没的海域成了保护区，很多珊瑚和其他海洋生物，如海鳗、海龟、梭鱼、狮子鱼和岩礁鱼类成了这里的主人。

“柯立芝总统”号沉船结构复杂，适用于所有级别的潜水者，船上有40吨财宝，估值近4亿美元，这是潜水者探宝的动力之一。“柯立芝总统”号运载的军备用品、餐厅里珍贵的瓷器、走廊的浮雕，历经长时间的海水浸润，光彩依旧，可见其工艺水平之高，让每个见到的潜水者都为之惊叹。

“柯立芝总统”号自沉没后就成了沉船爱好者趋之若鹜的地方，也为瓦努阿图成为举世公认的潜水胜地增添了一份光彩。

被誉为“现代建筑的最后大师”的贝聿铭去美国时，就是乘坐“柯立芝总统”号从上海前往旧金山的。

❖“柯立芝总统”号上的大炮

大洲岛沉船

人 烟 稀 少 的 沉 船 潜 点

大洲岛是环海南沿海线上最大的一座“荒岛”，这里人烟稀少，小岛的浅水处有一艘孤独的古沉船，是浮潜、深潜的理想场所。

大洲岛位于海南省万宁市东南部，是环海南沿海线上最大的一座“荒岛”。大洲岛沉船就在这座小岛离海滩不远的浅水处。

大洲岛分为北小岭和南大岭，中间有一个长500米的海滩相连，放眼望去，岛上皆是奇石，海岛四周是翡翠色的浅海，海水清澈透明，可以隐约看见海中浅水处有一艘200多年前的沉船的轮廓，有人说这是古时候的海盗船，也有人说是一艘商船。

古时候，万宁海上航线正是通往东南亚的必经之路，因此，当时海面上来往的商船比较多，而在来往船只中，这艘古沉船不过是极其平常的一艘远航船而已。

❖ 大洲岛金丝燕

大洲岛上的北小岭和南大岭之间的海滩会因为潮汐而改变大小和形状，有时如丝带相连，有时又会被海水轻轻地隔成两个对望的海滩。

❖ 大洲岛海滩

❖ 大洲岛海底

大洲岛是环海南沿海线上唯一一个国家级海洋自然生态保护区。

大洲岛气候温暖、干燥，是中国唯一的金丝燕栖息地，“东方珍品”大洲燕窝就产于此。每年的 11 月到次年的 7 月，会有成群的金丝燕飞到大洲岛筑巢避冬，由于利益驱使，渔民滥采偷采，导致金丝燕在大洲岛面临绝种。为了恢复和保护金丝燕群数，从 2003 年开始，禁止在大洲岛采燕窝，至今还未开禁。

至于它为什么会不幸搁浅沉没于此，几乎没有人能说得清楚，不管如何，它永远地沉睡在了大洲岛的海湾，已变成一艘意义重大的古沉船，为潜水爱好者提供了一个绝佳的潜水场地。

大洲岛沉船海域的能见度高，海底生物多姿多彩，珊瑚形态各异，五光十色，游鱼成群，鳞片炫目，是潜水者喜爱的海底花园。

由于大洲岛物种的复杂以及生态环境的脆弱，国家对大洲岛的生态环境保护非常重视，从 2016 年年底开始，已经不允许游客擅自上岛，需要申报，批准后才允许登岛。

岛上有山薯（淮山）、金不换、龙血树和野胡椒等植物资源，还有毛鸡、四脚蛇和各种各样的鸟类。

大洲岛原住民是这样介绍这艘古船的：“大洲岛古沉船，不会被时间风化、不会被文明遗弃，长久地守在原地，我们祖祖辈辈为了纪念沉船主人，百年前在岛上盖了庙，守护着这艘沉眠海底的船。”

❖ 海底沉船

深渊基督

潜 水 者 朝 圣 的 天 堂

圣弗罗托索是一个被遗忘的古老渔村，有一座基督雕像淹没在海底，它在深渊处凝视着过往的船只，接受着潜水者的朝拜。

“深渊基督”位于意大利热那亚美丽的波多菲诺港山脚下的圣弗罗托索小渔村，这里不通公路，只能选择徒步沿着波多菲诺港沿海的小径或者乘船前往。

❖ 卡莫利街道墙壁上的一口超大的平底锅

卡莫利街道墙壁上的这口平底锅，代表着卡莫利鱼节的传统，卡莫利每年 5 月的第二个星期日都会举办当地的特色节日——鱼节，鱼节当日，人们在世界上最大的平底不锈钢锅里煎炸上百千克的鱼，然后分发给大家品尝。

古老的渔村

圣弗罗托索是一个古老的渔村，历史至少可追溯到公元 2 世纪或 3 世纪。渔村海湾边有一座建于 8 世纪的本笃会修道院。13 世纪中期，当时热那亚的名门多利亚家族重建了修道院，此后，多利亚家族的许多成员死后都葬在其中。

为保护一方平安

离波多菲诺港、圣弗罗托索不远，还有一

❖ 深渊基督——近景

个地方叫作卡莫利 (Camogli),“Ca” 有 “地方” 的意思,“mogli” 则是 “妻子们” 的意思。很早以前这里是一个小渔村，村里的男人有些出海打鱼未归，有些卷入战争中死去，整个村子只剩下他们的妻子。为了保佑村庄平安，1954 年，意大利海军在卡莫利不远的圣弗罗托索的修道院海岸水深 17 米处，放下了一座高约 2.5 米的基督雕像。

还有另外一种说法，这座水下基督雕像是为了纪念 1947 年第一位因为深水潜水而失去生命的意大利人。

不管是什么原因，这座雕像成了这片海域的守护神。此后，附近的确再也没有遭受战火和其他的灾难。

多利亚家族从 12 世纪起，在热那亚共和国的政治、军事和经济生活中起主导作用。

❖ 深渊基督——远景

潜水者朝圣的天堂

圣弗罗托索的水下基督雕像由奎多·加莱蒂设计，其头部抬起、面朝水面，双臂向上打开，仿佛在激情赞美，一直守护着这片海域，因此被称为“深渊基督”。由于受到海水腐蚀和甲壳动物的附着，“深渊基督”其中一只胳膊破裂了，2003 年雕像被捞出海面，进行了修复，在 2004 年 7 月 17 日又重新置入水下。

如今，“深渊基督”成了潜水者朝圣的天堂，需要坐玻璃底船或者潜水才能看到。

幽暗的海底悠远而宁静，在如此场景下，潜水者即便没有宗教情怀，也会被眼前长满珊瑚的斑驳雕塑场景震撼。

在美国佛罗里达州的约翰·彭尼坎普珊瑚礁州立公园也有一座“深渊基督”雕像，它和圣弗罗托索的深海基督极为相似。

M岛的“巢”

海底48尊雕塑

M岛的“巢”海域有湛蓝的天空、白色沙滩和清澈见底的碧蓝海水，更有48尊海底雕塑，这一切让水下世界变得神秘而奇幻。对于想暂时自我放逐、新婚度蜜月或纯粹潜水的游客们来说，“巢”绝对是不二选择。

M岛的“巢”位于印度尼西亚西南部，紧靠龙目岛西北海岸的北吉利A、T、M三岛（Gili Air、Gili Trawangan和Gili Meno）中的M岛海域。北吉利三岛拥有美丽的沙滩、层次丰富的海水、美丽的水下浮潜和深潜环境，“巢”更是众多潜点中最具特色的一个。

北吉利3座小岛之间的距离约在半小时船程以内，这里没有警察，甚至没有机动车，但是却有你想要短暂逃离城市的理由。3座岛屿风情各异：T岛，面积最大，宾馆、酒店、酒吧等旅游配套最完善，这里是北吉利岛最热闹的地方，因此被称作派对岛；A岛没什么游客，大部分都是原住民；M岛最小，也是最美的。

3座岛屿中最美的是M岛

印度尼西亚最美的地方或许不是巴厘岛，而是包含了75座岛屿的龙目岛，而在龙目岛的众多岛屿中，最美的应该是紧靠龙目岛西北海岸的北吉利A、T、M三岛，这3座小岛的周边除了有众多海滩之外，还有多达17个有趣的潜点，被誉为“印度洋上三块至宝”。

❖ 鸟瞰北吉利三岛

❖ M 岛美景

M 岛是一座很安静的小岛，当地人也都很热情。

M 岛是北吉利三岛中面积最小、最清净的岛屿，没有太多游客造访，是可以独享碧蓝的海水、白色的沙滩、美丽的树荫的地方，它也是 3 座岛屿中最美的。

❖ M 岛水底雕塑——近景

❖ M 岛水底雕塑——侧面

48 尊雕塑如同“兵马俑”

M 岛海域有各种各样的热带鱼、海星、贝类、小虾、小蟹、海龟等，水下还有一个被称作“巢”的浅海潜水区，水底有 48 尊如同“兵马俑”一样的雕塑，每尊雕塑都拥有独特的面部表情和身体语言，或站立、或横卧在海床上。这些雕塑并不是历史文物，而是英国的水下雕塑家杰森·德卡莱斯·泰勒的作品。如今，这些雕塑已逐渐褪去人为的斧凿痕迹，成了一座真正的珊瑚礁丛，完全融于自然之中。

马车在这里被称为“Cidomo”，除了自行车外，马车是岛上唯一的公共交通工具。

如果看惯了海底岩礁、珊瑚和各种海洋生物，不妨尝试一下探索 M 岛这个叫作“巢”的海底雕塑群，这里一定会让你有种穿越的感觉，在雕塑中潜水穿行，就像电影里的探险寻宝一样，感觉很奇妙、刺激，“巢”也因此成为国外网红们的潜水打卡胜地。

英国的水下雕塑家杰森·德卡莱斯·泰勒不仅在 M 岛水下有雕塑作品，他还在世界上其他多个地方有海底雕塑作品，如格林纳达水下雕塑馆、墨西哥海底雕塑博物馆和大西洋博物馆。

水下邮局

世界上唯一的水下邮局

世界各地遍布着各种邮局，它们都建在陆地之上，而在南太平洋却有一个让人意想不到的“水下邮局”，它因建设在水底之下而闻名世界。

❖ 水下邮局的邮筒

❖ 通往瓦努阿图水下邮局的海边栈桥

❖ 在水下投递邮件

南太平洋岛国瓦努阿图由 4 座大岛和 80 座小岛组成，这里对中国护照免签，却鲜为国人所知，是一个令人迷恋和充满激情的探秘冒险目的地。

首屈一指的潜水胜地

瓦努阿图有不逊色于斐济、塔希提岛的热带海岛风情，是全球著名旅行杂志《孤独星球》评选的“十大旅游必去胜地”之一，而这一切得益于美丽的海洋，这里是悠闲又充满活力的热带天堂，有美丽的蓝色潟湖和丰富的海底世界，以及百万美元角、“柯立芝总统”号等无数的绝美潜点，使瓦努阿图成为世界上首屈一指的潜水胜地。

❖ 瓦努阿图发行的明信片

瓦努阿图发行的明信片一共有4款，每张400瓦币或6美元、9澳元均可，在这里瓦币、澳元、美元3种货币可以无缝对接使用，明信片已经含邮费，不用单独再买邮票了。

❖ 瓦努阿图水下邮局

为了更好地宣传瓦努阿图，当局邮政部门还专门设立了世界上唯一的水下邮局和伊苏尔火山邮局。

瓦努阿图至今保留着原始部落的生活方式，但它也是热门的网红打卡之地。

世界唯一水下邮局

瓦努阿图水下邮局坐落于距维拉港沙滩35米的海中。它是一个淡绿色的邮政小屋，像一个巨大的罐头，高3米，直径只有2米，在它旁边还竖立着一个小信箱。整个邮局与珊瑚礁彼此相邻，形成了一座天然的海洋公园。

瓦努阿图水下邮局其貌不扬，却有4名专职的邮局员工。自2003年5月底正式营业以来，每年有5万多名游客到这里来潜水，并从这里寄出盖有世界唯一水下邮局邮戳的瓦努阿图精美的浮潜邮票和迷你明信片。瓦努阿图水下邮局的邮票和明信片是由防水材料制成的，上面有专为浮潜而设计的由无数个浮潜点和各种海洋生物构成的图案。

瓦努阿图是一个令人迷恋和充满激情的探秘冒险目的地，当地政府鼓励游客戴上面具、氧气设备，潜入海底，欣赏承载着历史的水下残骸、五彩缤纷的珊瑚花园和大大小小的热带鱼，再从水下邮局随手投递出一封带有难忘潜水经历的信件。

瓦努阿图水下邮局每天至少营业1小时，营业时水上会飘起挂有旗子的浮标。

❖ 瓦努阿图水下邮局旁的邮筒

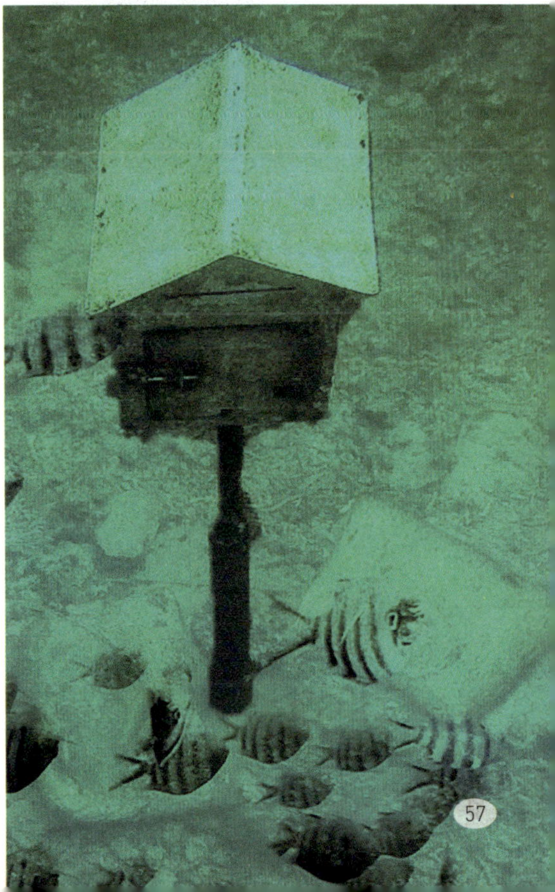

❖ 伊苏尔火山邮局

瓦努阿图除了著名的水下邮局外，还有伊苏尔火山邮局。它位于伊苏尔火山旁，从这里寄出“热辣辣”的明信片，一定很有纪念意义！

❖ 伊苏尔火山明信片

伊苏尔火山邮局

传说伊苏尔火山是众神之家，它位于瓦努阿图的塔纳岛上，拥有约396米宽的圆形火山口，已经连续喷发了数个世纪，曾是电影《十二生肖》的取景地之一。

伊苏尔火山的火山口比较平缓，普通四驱车能一直开到附近，然后徒步十几分钟即可到达，因此，伊苏尔火山被誉为世界上最容易攀登的活火山。

伊苏尔火山的岩浆是直起直落的，很少外溢，所以几乎不会伤人，因此又被誉为世界上“最亲近的活火山”。

为了刺激旅游，当地政府在火山口旁设立了一个邮局，这就是伊苏尔火山邮局（也称作瓦努阿图火山邮局）。伊苏尔火山邮局虽然不如瓦努阿图水下邮局那么有名，但是由于它开在瞬息万变、冒着熊熊烈火的火山口，因此增添了几分神秘的色彩。

在伊苏尔火山口，拍几张独特的火山风景照片，再寄一份盖有伊苏尔火山邮局邮戳的“热辣辣”的明信片给亲朋好友，仅这些就足以让每个到访之人满足了。

为了防水，瓦努阿图水下邮局开发了一种新的浮雕盖戳装置，可以盖出凹凸花纹的日戳，印出特殊的凹凸纹迹，而不是用墨水盖章，以示该信件已发送。

瓦努阿图水下邮局每天收寄的明信片大约有30张，大多数都是寄往澳大利亚、日本和欧洲的。随着瓦努阿图知名度的提高，水下邮局经营状况正在越来越好，运气好的一天可收寄100张明信片。

瓦努阿图精美的浮潜邮票和迷你明信片，只能在首都维拉港的商店购买，填写好后自己潜水投到位于水下2~3米的邮箱中，如果浮潜者无法潜水那么深，附近的工作人员将在现场为你提供代为投递的服务。

布纳肯

"死了都要潜"的地方

布纳肯被专业潜水者誉为"死了都要潜"的地方，它犹如一颗未经雕琢的蓝宝石，充满着诱惑，是美娜多潜水胜地的精华所在。

印度尼西亚北苏拉威西省的首府美娜多（万鸦老）是一个旅游特色突出的城市，而让其在世界旅游界久享盛名的是著名的潜水胜地布纳肯。

布纳肯位于西里伯斯海，是印度尼西亚的第一个国家海洋公园，与美娜多隔海相望，两地的船程只有 45 分钟。

布纳肯是一座新月形的珊瑚礁岛屿，由 Nain、Mantehage、Manadotua、主岛布纳肯和西拉丹岛 5 座小岛组成，面积约 8.08 平方千米，其中 96% 的地域都是清澈深邃的海洋。主岛海滩以外 100 米开始就被各种珊瑚覆盖，再往外就是被珊瑚覆盖的海底峭壁。

潜水界有传言"没有一个潜水爱好者不知道布纳肯"，整个布纳肯海底有 300 种以上的珊瑚，覆盖了超过 95% 的海

美娜多被世界五大潜水组织（PADI、CMAS、SSI、NAUI、BSAC）评定为"世界潜水目的地之首"。

美娜多号称"美女之乡"，据说 10 个印度尼西亚小姐中有 9 个来自美娜多。

❖ 电影《前任 3：再见前任》的取景地：布纳肯的苏加诺桥

❖ 布纳肯风景

域，这些珊瑚群中有超过 3000 种以上的五彩斑斓的热带鱼，以及悠闲自在的海龟、成群结队的海豚、双髻鲨、梭鱼、白鳍鲨、隆头鹦嘴鱼等海洋生物。

布纳肯凭借着教科书般标准的潜水资源和玻璃般的海水赢得了“世界最美潜点”的称号，吸引了成千上万的潜水爱好者慕名而来。

布纳肯国家海洋保护区内有超过 50 个水肺潜水和浮潜潜点，大量鱼类栖息在 30 ~ 100 米深的海水间，在珊瑚峭壁中还有大大小小的洞穴。

❖ 在布纳肯潜水

美娜多的各种服务都要收小费，一定要随身带一点零钱付小费，不然很尴尬的。

在布纳肯，无论浮潜还是深潜都能看到海龟。

❖ 与海龟同游

蓝碧海峡

微 距 摄 影 师 的 潜 水 天 堂

蓝碧海峡是垃圾潜水的最佳地点，这里的珊瑚不如其他地方的美，鱼也不如其他地方的多，而且水底能见度低，但是这里却是水下奇特生物的乐园，也是地球上生物种类最多的地方。有一种说法："如果有什么海底生物在蓝碧海峡找不到的话，那么这种生物多半是找不到了。"

蓝碧海峡是一个长 15 千米、宽 2 千米的狭长海域，它位于印度尼西亚北苏拉威西和蓝碧岛之间，距离美娜多市区 100 多千米。

蓝碧海峡是地球上生物种类最多的地方，因为有蓝碧岛阻隔了外洋的风浪，海峡内常年风平浪静，被全球 5 家最权威的潜水组织公认为全球最佳的潜水点。

蓝碧海峡是"垃圾潜水"的发源地，苏拉威西岛最大的两座火山峙立在海峡旁，因此这

❖ 蓝碧海峡艳丽的八字脑珊瑚

垃圾潜水也叫淤泥潜水，之所以叫作"垃圾潜水"，是因为潜水的环境通常是在淤泥、沙地，有时在淡水地区或者有些轻微流的地方，甚至是在废弃物丰富的潜水地域。

❖ 蓝碧海峡旁边的火山

❖ 美娜多

美娜多又叫万鸦老，是印度尼西亚北苏拉威西省的首府，当地的第二大城市。美娜多以潜水闻名于世。美娜多拥有玻璃般透明的海水，聚集了太平洋70%以上的生物种类，海底珊瑚覆盖率超过95%。因此，它打败了大堡礁和帕劳，被世界五大潜水机构认证为“全球最佳最美潜水地”。

❖ 豆丁海马

豆丁海马原意为侏儒海马，身长大约1厘米，它会随着居住地的海扇珊瑚变化而产生拟态，是世界各地潜水者眼中的网红生物。

片区域从陆地到海底都是典型的火山砂石地貌，海岸沿线几乎全是火山岩礁石，海滩和海底则覆盖着黑色的火山沙泥。这里的海底珊瑚很少，乍一看，水下到处是黑乎乎的，海水中的漂浮物和微生物导致能见度不佳，殊不知，为了适应这种恶劣的生存环境，这里的生物通过进化后变异成无数奇葩的物种，如火焰乌贼、泗水玫瑰、叶羊、绒毛娃娃鱼、天蝎鱼、顶鳍鱼、拟态章鱼、豆丁海马、衔鱼、剃刀鱼、蟹眼虾虎鱼、占星鱼、蛇鳗、西班牙舞娘、皇帝虾、海笔、瓷蟹、海鞭、八爪鱼、龙形海兔、海蛾、博比特虫以及各种清洁虾等。

蓝碧海峡共有36个潜点，比较有名的潜点有毛球潜点、珊瑚斜坡潜点、

❖ 拟态章鱼

拟态章鱼是顶尖的伪装高手，可以模仿十几种动物，甚至会模拟鱼类或者潜水员的动作。

❖ 火焰乌贼

火焰乌贼是目前已知的唯一一种带有毒性的乌贼，它的眼睛长在面部靠上的地方，而面部在它们用来撑地行走的腕足前面，如同戴着一张面具。在蓝碧海峡潜水遇到它时，不要招惹它。

❖ 海蛾

海蛾，又名海麻雀，为暖水性近海小型鱼类。一般栖息于海滨浅水的底层，个别种类生活于水深 200 米以上的海底。

Jetty 码头、天使之窗、塞莲娜西岸、NUDI RETREAT、BATU ANGUS、老码头等。几乎所有潜点的水深都在 5 ~ 30 米，并且离海峡内唯一的度假村很近，船行只需 5~20 分钟便可到达。

在蓝碧海峡的任何一个潜点都能遇到神奇的海洋生物，它们如同生活在“地狱”中般，或靠拟态，或靠华丽外表下隐藏的毒素，或靠生活在强大动物身边生存。它们隐藏在海底沙地、淤泥、水藻和洞穴中，不惧恶劣的环境，潜水者需要耐心寻找，才能发现它们的踪迹。

剃刀鱼又被称作鬼龙鱼、龙鱼。它们往往会混杂在水草中，或者立于沙地之上冒充水草。

❖ 剃刀鱼

“天使之窗”是蓝碧海峡中一块孤立于海中的凸起礁石，这是一个非常令人震撼的潜点，礁石上布满了珊瑚，有许多蝴蝶鱼在飞舞，在水深 15 米处有一个洞穴，洞穴内、外有很多鱼类。

BATU ANGUS 有绵延不绝的莴苣珊瑚，为奇观之一，在珊瑚群中还有两个约 1.5 米长的砗磲。

蓝碧海峡有如此多的奇幻海洋生物，因此成了微距摄影师的乐园，这也是很多人喜欢“垃圾潜水”的原因，更有人称“垃圾潜水”是“在地狱寻找生命”。

❖ 叶羊

在蓝碧海峡潜水时很难发现叶羊，因为它们太小了。

珊瑚斜坡潜点：这个潜点是整个蓝碧海峡珊瑚最多的地方之一，沙地上有巨型鳄嘴鱼，珊瑚上有各种奇趣小生物，如珍珠鬼龙和各种颜色的裸鳃类动物。

在珊瑚斜坡潜点左侧是有名的日潜码头，可以看到丰富的热带鱼，最独特的是海底沙地上的鳄嘴鱼鱼群来回吞食浮游生物，这是海底摄像和拍照的好地方。

❖ 博比特虫

博比特虫是一种喜欢栖息于海底沙石之中的虫子，有着漂亮的彩虹外表，但下颌非常锋利，能像剪刀一样将猎物斩断。它在国内尤其是东南沿海是一道菜。

塞莲娜西岸：它是蓝碧海峡中央的小岛，这里长满了管状海绵、羽毛海星、鹿角硬虾、平面软珊，在水深 25 米的海底沙地上还有一大片海鞭，有的长达 4 米，非常壮观。

毛球潜点：毛球这个名字来自这里海底的一种全身长满毛的鲉，最早由美国水中摄影家 Danise 发现，称为“毛球 Hair Ball”或“Danise Hair Ball”或“PULAU PUTUS”。毛球潜点是典型的“垃圾潜水”区，能见度约 10 米，纯火山岩沙坡地，水下偏荒凉，在黑色的沙地上居住着各种各样的小生物。

Jetty 码头：这是一处防波堤，深度约 0.5 米，防波堤的石柱上有粉红色、黄色和白色的大海扇、蚝贝、羽毛海星及海绵等参差交错着生长，在海底沙地上长满了白色和紫色的千手海葵。这里是一个夜潜潜点，有很多鱼会夜晚在此活动，它们会出没于海葵或珊瑚丛中，或匍匐在沙地里。

魔鬼鱼城

浅　滩　潜　水　胜　地

在开曼群岛，除了能欣赏到蓝岩鬣蜥与随处可见的海龟以外，还能在外海的一片浅滩中欣赏到魔鬼鱼，这里的魔鬼鱼并不会单独出现，而是聚集在一起。

魔鬼鱼即蝠鲼，是燕魟目、蝠鲼科几种鱼类的统称。它的形状如同扇面，身体柔软，属于底栖鱼类，常常将身体部分埋于海底沙中。

❖ 蓝岩鬣蜥

蓝岩鬣蜥是开曼群岛上最大的一种濒临灭绝的动物，野外的蓝岩鬣蜥数目只有300只左右。

魔鬼鱼城并非人工景点，需要从开曼群岛乘坐快艇，朝外海开半小时左右才能到达，这是开曼群岛外海的一处天然的浅滩。

据当地导游介绍，最早发现这里的是一群当地渔民，他们每次打鱼归来后会在这里洗鱼，在清洗宰杀渔获的时候，都会吸引来大群的魔鬼鱼觅食，后来这个现象被精明的生意人发现了，于是这里被打造成了魔鬼鱼城。

魔鬼鱼城的水域很浅，水位浅的地方海水不到1米深，在清澈的海水之下可以看到白色的细沙，水里游动着不少黑

❖ 魔鬼鱼

❖ 带着笑脸的魔鬼鱼

蝠鲼头前长有由胸鳍分化出的两个突出的头鳍，就像魔鬼头上的角一样，因此得名魔鬼鱼。

灰色的魔鬼鱼，每当有船只靠近这片海域时，魔鬼鱼就会向船只靠近，在船只周围缓慢地游动，等待导游和游客投喂食物。一旦有人投喂食物，魔鬼鱼就会立刻围拢过来抢食。

在魔鬼鱼城只需带上潜水设备就可以浮潜，与魔鬼鱼共游，用手轻轻抚摸它们，甚至可以将它们轻轻地托出水面，欣赏这些脸带笑容的鱼类，非常好玩。魔鬼鱼没有牙齿，它们靠小嘴巴将食物吸入口中，因此无须担心被它们咬伤。

魔鬼鱼城是开曼群岛旅游必去的地方之一，这里不仅有憨憨的魔鬼鱼，浮潜时还可以看到稍微深一点的地方有美丽的珊瑚和穿梭的鱼群。

❖ 水底的魔鬼鱼

血腥湾墙

加勒比海地区最绚丽的潜水胜地

小开曼岛与世隔绝，非常宁静和荒凉，吸引着世界各地的游客来此拥抱大自然，而这里最诱人的是血腥湾墙绚丽多彩的海底悬崖世界。

小开曼岛是开曼群岛中最小的岛，也是最落后的岛屿，全岛长 15 千米，宽约 2 千米。血腥湾墙是一座海底悬崖，坐落在小开曼岛北海岸的血腥湾墙海洋公园内，它被认为是开曼群岛最令人叹为观止的潜点。

海绵是一种最低等的海洋生物，它不能自己行走，只能附着固定在海底的礁石上。

小开曼岛上的主要休闲活动除了观看鸟类和钓鱼之外，到血腥湾墙潜水几乎是所有人不会错过的。

血腥湾墙拥有得天独厚的潜水条件，从海面下 1 米处开始垂直往下拥有 150 米的海底悬崖峭壁，沿着悬崖从上到下生长着各种颜色的海绵：有红绳海绵、翡翠管海绵、火锅海

❖ 血腥湾墙上的海绵

❖ 血腥湾墙成群的石鲈

血腥湾墙周围常有成群的石鲈和天使鱼在穿梭。

管状海绵的样子很像竖立的烟囱，所以又称为烟囱海绵。

❖ 管状海绵

绵、橙色花瓶海绵、米色花瓶海绵、绿松石花瓶海绵，还有稀有的黄色管海绵等。虽然海绵不是血腥湾墙的唯一亮点，但肯定是血腥湾墙最醒目的看点之一。

除海绵之外，血腥湾墙还生活着各种珊瑚、海扇，以及峭壁缝隙中住着的各种各样的海洋生物，它们与各种海绵组成唯美的水底悬崖世界。血腥湾墙也因此成为加勒比海地区最绚丽的潜水胜地之一，被潜水爱好者誉为“世界上最好的海底景致”之一。

❖ 黄昏的海面

水母湖

世上罕见的无毒黄金水母

水母虽然长相美丽温顺，但是它的细长触手却能够射出毒液，稍不小心就会被蜇伤，因此，大部分人对它的美貌望而却步，然而，在帕劳水母湖中的水母却是世界上罕见的无毒黄金水母，因此这里成了到帕劳旅游时必到的潜点。

去过帕劳的人都知道，“苏眉鱼”也称拿破仑鱼，是帕劳的国宝鱼，然而，在帕劳还有一样生物比苏眉鱼更金贵，那就是水母湖中的无毒黄金水母，而来此与这些水母共游，则是很多到帕劳旅游的人的最大目的。

“苏眉鱼”因为眼睛上方有两道黑色纹路，看起来像人类的眉毛而得名。

无毒水母湖在山坳之中

帕劳水母湖位于距离帕劳首都梅莱凯奥克约 30 分钟船程的马契加群岛上。

马契加群岛无人居住，1982 年，有人在岛上的湖中发现了无毒水母，1985 年正式开放后成为帕劳的一处特殊景观。

帕劳当局非常重视自然生态，即便是水母湖这样知名的景点，也没有专门铺设道路，要想欣赏到这种世界上罕见的

每当正午阳光最强烈的时候，湖面上就会聚集密密麻麻的黄金水母，它们在湖面上进行光合作用，一闪一闪地泛着金光，既耀眼又壮观。

❖ 成群的黄金水母

❖ 黄金水母

帕劳的无毒水母在颜色上呈金黄色，所以又称作黄金水母，其体内95%是水（3%是盐、2%是蛋白质），没有心脏、血液、鳃和脑。

由于这些黄金水母十分脆弱且珍贵，所以潜水时动作不可过猛，以免伤了这些小家伙，潜水时只可以轻触水母，不可以将它们移出水面，更不可以抛接水母，以免造成水母死亡。

去往水母湖需要徒步一段原始的珊瑚礁地貌的山林，所以尽量提前准备徒步设备。

无毒黄金水母，还需要费点力气。首先需要乘船到达马契加群岛，然后沿着山路穿过沿途绑着黄布条的树林，这些绑着黄布条的树是有毒的，因此，登山时需要特别小心，再攀爬过一个珊瑚礁组成的小山头后，徒步进入一个山坳，就看到无毒水母湖了。

放心在水母湖中浮潜

水母湖大约形成于1.2万年前的地壳运动，四周被珊瑚礁围绕，只有涨潮时，上层水面才会透过珊瑚礁的缝隙与大海相通，退潮后就完全隔离于大海之外，因此，整座湖几乎维持着死水的状态，湖中的大多数海洋生物因为水中的养分日渐消耗而消亡殆尽，唯独留下了可以自行进行光合作用的水母。这些水母不需要专门的猎食，也没有天敌，因此，它们的触须都退化了，变化成无毒黄金水母。这些水母对人类无害，游客可以放心地在水母湖中浮潜。

潜水者可以在水母湖中靠近这些无毒黄金水母，甚至抚摸这群非常温顺的小家伙，这种潜水体验，并不像探索海底珊瑚和沉船那样充满激情，更不像在海底追逐鱼群那样让人沉迷，在这里潜水，任何的动作都需要轻、轻、再轻。

水母出现得比恐龙还早，可追溯到6.5亿年前。水母的种类很多，全世界大约有250种，直径从10~100厘米不等，常见于各地的海洋中。

❖ 帕劳水母湖

帕劳水母湖在1982年被发现，1985年正式开放观光，帕劳共有5个无毒水母湖，出于保护目的，仅有一个对游客开放。

雅浦岛

蝠 鲼 保 护 区

雅浦岛是一座遗世独立的神秘小岛，也是世界上真正意义的世外桃源，这里除了奇特的风俗之外，海底还藏着更多的惊喜，有蝠鲼、大海龟以及其他数不清的海洋生物，被潜水爱好者公认为全球最佳潜水地之一。

雅浦岛旧称瓜浦，是太平洋西部加罗林群岛中的一座岛，也是密克罗尼西亚联邦最西的一个州，距帕劳 454 千米，接邻菲律宾板块的区域。

❖ 雅浦石头币

雅浦是世界上唯一保留着石币交易的地方，被称为“石币之岛”。

世界上第一个蝠鲼保护区

雅浦岛由 4 块相近的陆地组成，陆地之间由珊瑚礁相连。雅浦岛与其附近的 14 座珊瑚岛及环礁构成了雅浦群岛，雅浦群岛漫长的海岸线大部分是被珊瑚礁包围的红树林沼泽，环抱雅浦群岛的大海则是由浅滩起沿着海底珊瑚礁逐渐向深海蔓延，在雅浦群岛的不远处就是世界上最深的马里亚纳海沟。

雅浦岛由于地处西太平洋，位于赤道附近，常年恒温，十分舒适。它拥有得天独厚的气候和无与伦比的海洋风光，清澈的海水中常会有灰礁鲨、白鳍鲨、黑鳍鲨等出现，而最

雅浦岛有一流的生态环境，这里的水域即使在海陆交界处也清澈干净。岛上的潜水店大部分由日本人在经营。

❖ 雅浦岛的海底珊瑚

❖ 在海底遨游的蝠鲼

蝠鲼又被称为魔鬼鱼或毯魟。一般体平扁，宽大于长，最宽可达 8 米，体重 300 千克。

让人惊奇的是这里有成群结队的蝠鲼（雅浦岛是世界上第一个设立蝠鲼保护区的地方）。每当蝠鲼交配季，雅浦岛海域更是有铺天盖地的蝠鲼在水中活动，因此，这里被潜水界公认为全球最佳潜水地之一。

在雅浦岛潜水时，不仅可以遇到成群的蝠鲼，还能遇到成群的鲨鱼、海豚、海狼、海龟和杰克鱼等，水下生物几乎都是成群出现的，非常壮观。

在雅浦岛，如果没被邀请就进入村子是大不敬，会挨揍的。如果要经过村子时，应手持一柄芭蕉叶，枝头朝下，口念：Hillpps（土语），表示来意善良、和平。

奇特的风俗

雅浦岛的面积为 102 平方千米，其地势起伏，被茂密的植被所覆盖，岛上常住人口大约有 5000 人，他们居住的房屋非常简陋，风俗更是原始。岛上的女人们穿草裙，男人们则穿兽皮

❖ 雅浦岛男人屋

雅浦岛男人屋是男人和酋长才能进入的地方，女人是绝对不能进入的，而且连靠近都不行。有一种说法，男人们不堪忍受老妈和老婆们的唠叨，会自划边界，请巫师作法，禁止女人们踏进男人屋。在岛上，不仅有男人屋，还有女人屋，其功能基本上和男人屋一样，拒绝男人靠近。除此之外，岛上还有长者屋，其功能如同祠堂。

袄；村落中的男人屋，只有男人可以进入；岛上通用货币除了美元外，还有一种石币——莱石；此外，雅浦人现今还在使用古老的航海技术，古老的独木舟依然是雅浦本岛人往来外岛之间的主要交通工具，他们凭借观星、水流和观鸟来判断航向。

奇特而古老的石币

莱石是雅浦岛上通用的古老货币，它是世界上最大、最重、最怪异的货币，堪称一绝。

莱石是一种中央有孔的大型石灰岩石盘，是世界上绝无仅有的无法放进口袋里的货币，它属于一种大额货币，价值由其大小、工艺或其身上发生的故事决定，一般用于购买房屋、土地、娶媳妇等。

雅浦岛石币（莱石）的材质是帕劳岛上的石灰岩，被切割下来后再打磨成石盘状，经由千辛万苦渡海运至雅浦岛，成为村民的财富象征。

据传，雅浦岛石币起源于殖民时期，欧洲的航海家在帕劳发现了大量的石灰岩，于是命人将石灰岩做成圆形的大石盘，送给了雅浦岛酋长作为礼物。酋长获得如此奇特的礼物后非常珍惜，之后，这些大型石盘便在岛上部落中被当作贵重物品。直到有一天，雅浦岛渔民跨海来到帕劳发现了石灰岩，于是他们将石灰岩切割成圆形运回雅浦岛炫耀，被村民追捧，随着越来越多人认定这些石头具有价值，于是纷纷用珠子、椰肉和干椰子仁来交换，后来逐步演变成“货币”。

如今，每家的石币都在州政府石币博物馆中注册登记，凡土地、房屋交易过程中移动石币，必须经其管理委员会批准，方才合法有效。

❖ 雅浦岛石币

莱石作为货币，在使用过程中几经易手，但是由于体积巨大，几乎无法挪动。因此，只需在莱石上做个记号，或者对外公布一下，有人证明就无需去挪动地方。

莱石不仅以大小、做工来决定价值，还以其身上发生的故事来定价，如第一任酋长家的莱石、为了与海盗搏斗而牺牲的勇士家的莱石等，只要有各种故事，莱石的价值就会提升，这和潘家园古玩市场一样，只要一件老物件有足够多的故事，价值一定不菲。

❖ 雅浦岛石币（莱石）

干贝城

上帝的水下“藏宝箱”

干贝城是潜水者的天堂，这里汇集了世间罕见的百年巨型贝壳，它们依旧生活在珊瑚丛中，让每个潜水者都不禁感叹水下生物的独特魅力。

❖ 砗磲

穿过帕劳一座又一座蕈状的岛屿，百年干贝城就隐身于美丽的巴伯尔图阿普岛旁，它是帕劳的保护区域。

百年干贝城

干贝城又称为巨蚌城，因为在这片风光旖旎的水域中生活着许多大型贝类，它们有像小桌子一般大小的砗磲，有超过 1 米的巨型干贝，甚至还有长度相当于一个成人身高的干贝，这些生长了上百年的巨型干贝，零星或三五成群、平静地躺于海底的白沙上。其中，砗磲是百年干贝城众多贝类中最出名、世界上最大的海洋双壳贝类，被誉为“贝王”。

从空中俯瞰整个帕劳的岛屿及潟湖，景色壮阔，色彩斑斓。

❖ 俯瞰帕劳

有趣的浮潜景点

百年干贝城是一个十分有趣的浮潜景点，浅水处多为砂底，较深处则是各种珊瑚，而这些珊瑚丛中错落有致地分布着上百只色彩斑斓、大而厚的巨型贝类。这些巨贝外观奇特而艳丽，安静地生活在清澈通透的海水中，让每个潜水者都情不自禁地被它们的巨大体型而震惊，这里也是帕劳群岛最不可错过的奇特景观。

百年干贝城的干贝虽然年岁很高，但是它们巨大的壳依然灵活无比。因此，值得注意的是，当潜水靠近它们时，千万不要随意触摸，否则会有被夹住而无法脱身的危险。

除此之外，干贝城水下还有成百上千种不同的海洋生物，让每个潜水探索海底秘密的人都不禁被它的魅力所征服。

❖ 巨型红色砗磲

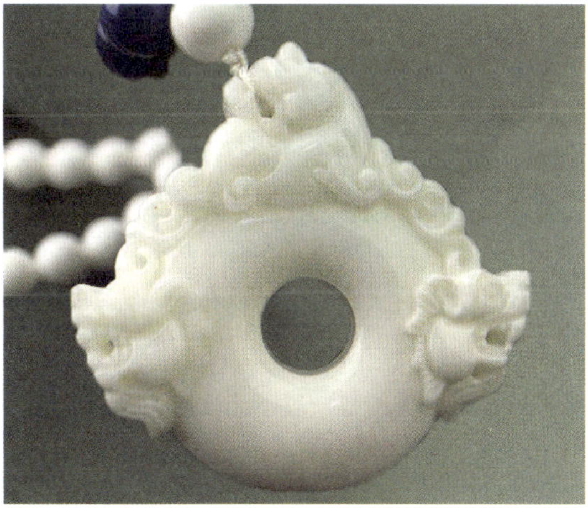

❖ 砗磲制成的器皿或漂亮的装饰品

砗磲是海洋贝壳中最大者，直径可达 1.8 米。砗磲一名始于汉代，因外壳表面有一道道呈放射状的沟槽，状如古代车辙，故称车渠。后人因其坚硬如石，在车渠旁加石字。砗磲、珍珠、珊瑚、琥珀在西方被誉为“四大有机宝石”。

❖ 百年干贝

鲨鱼城

最紧张、最刺激的潜点

在帕劳所有的潜点中，鲨鱼城可以说是让人记忆最深刻、最刺激、最紧张的潜点了，因为在这里可以近距离地观看鲨鱼。

❖ 灰礁鲨

灰礁鲨属于群居性鱼类，白天群体休养，夜间非常活跃。它是一种有领地意识的鲨鱼，会和其他鲨鱼争夺势力范围，有时会攻击误入其领地的潜水人员。鲨鱼城海域的灰礁鲨由于食物来源丰富，一般不会攻击人。

在鲨鱼城潜水时，如果鲨鱼从身边游过，无需紧张，更不要使劲扑腾你的脚蹼，否则会引起鲨鱼的注意，反而容易让鲨鱼因紧张而攻击你。

鲨鱼本身不会攻击比自己体型大的物体，加上当地水域食物比较充足，所以潜水时即便是有点害怕，也不用太担心鲨鱼的攻击。

灰礁鲨生活在20~27℃水温的海洋，不会冒险进入一些远离海洋的热带湖或河流中，所以鲨鱼城是灰礁鲨长久的居住地点。

❖ 鲨鱼城水下的鲨鱼群

鲨鱼城位于帕劳的西面环礁，距离科罗岛约45千米。

从科罗岛乘船出发时，需要准备好一些带血腥味的鱼或一些鸡肉（一般当地导游会准备这些引诱鲨鱼的食物），在海上航行约50分钟后，就能抵达一片美丽而开阔的海域，这是帕劳岛的中间海域，也就是鲨鱼城。

刚到鲨鱼城时，看似风平浪静，不过将携带的鸡肉或者带血腥味的鱼扔进大海后，海面便会变得不再平静，刹那间，几十条灰礁鲨（又称作黑鳍鲨）会冒出水面，争相开始享用大餐。

在鲨鱼城不仅可以在船上观看鲨鱼，还能浮潜观鲨。只需在船上穿戴好浮潜装备，沿着船帮缓缓入水，就能很容易地看到水下的大量鱼群，以及灰礁鲨肆无忌惮地从浮潜者身边游过，这个海域食物来源丰富，灰礁鲨一般不会攻击人，因此潜水者可以不用担心被鲨鱼咬，甚至可以悄悄地伸出手轻轻地触碰从身边游过的鲨鱼。

很多人一生中都不会有与鲨鱼共游的机会，而在帕劳鲨鱼城却能如此近距离地和海中霸主“约会”，对大多数潜水者来说，即便有一点点害怕，更多的是刺激与难忘。

瓦瓦乌岛

为数不多观赏座头鲸的潜点

瓦瓦乌岛就像是一处尚待开发、略带探险性质的处女之地，在这里不仅能观赏到座头鲸，还能潜入水下与它们一起遨游。

瓦瓦乌群岛位于烟波浩渺的太平洋中，是汤加王国三大群岛中最北的一个群岛，由一座珊瑚列岛和一座火山列岛等共 50 余座岛屿所组成，瓦瓦乌岛是瓦瓦乌群岛的主岛，它是世界上少有的能一边潜水一边观鲸的地方，是一处让人终生难忘的潜水地。

潜水观鲸

瓦瓦乌岛由于地处偏远，岛上居民绝大多数都过着最简单、最基本的物质生活，食物、衣服、屋舍、日常用品等大多自给自足。这座原始而古朴的岛是世界上最好的观赏座头鲸的地方。

说到汤加王国，可能很多人都很陌生，这是“地球上最早见到太阳升起的地方”，也是大洋洲诸国中仅有的世袭王国。它是一个由汤加塔布、哈派、瓦瓦乌 3 个群岛和埃瓦、维阿等大小不等的岛屿组成的岛屿国家，共有 173 座岛屿。这个国家是世界公认的“零污染”的地方，虽然仅有 10 万人口，可却独享一片纯天然的美景。通过地图可以看到斐济在它的左边，塔希提在它的右边。

❖ 瓦瓦乌群岛美景

❖ 汤加异形邮票

汤加堪称“邮票之国”，可与列支敦士登和圣马力诺相比。该国以发行异形多变的邮票著称。几乎什么形状都有：三角形、十字形、水果形、动物形、房屋形、地图形等，还有香蕉形、菠萝形、皇冠形、爱心形等。这些邮票因奇而少，成了集邮者的珍品。

西班牙航海家弗朗西斯科于 1781 年为了躲避暴风雨，登上瓦瓦乌岛，成为第一个发现瓦瓦乌岛的欧洲人。在此之前 4 年，英国航海家库克船长就抵达过汤加王国，并先后在汤加塔布、哈派登陆，在哈派岛时，岛民告诉他瓦瓦乌岛是一个荒芜的地方，所以库克船长便没有去瓦瓦乌岛。

西班牙航海家弗朗西斯科登岛后，只是宣称瓦瓦乌岛归属于西班牙，但却从未占领或殖民此岛。到了 19 世纪中叶，瓦瓦乌岛联合附近诸小岛加入了汤加王国，成为汤加王国的一员。

瓦瓦乌岛的海湾外与小岛之间形成天然的屏障，使湾内风平浪静，形成了一个天然良港——瓦瓦乌岛港，它是汤加第二大港。从瓦瓦乌岛港坐船就可以去往观鲸海域。

座头鲸，又名大翅鲸，属于须鲸亚目的海洋哺乳动物。成年座头鲸的体长可达 13~15 米，体重 25~30 吨，刚出生的仔鲸长 3~6 米，体重 1~2 吨。

座头鲸生性灵动，格外温顺，当它们翻出海面或喷出水柱时，甚至可以将小船慢慢靠近它们，近距离地听到它们发出的“呜呜”吟唱声，非常悦耳动听！还可以穿上潜水装备潜入水下，更近距离地欣赏它们，人们常常会因被眼前的庞然大物震撼而忘记欣赏海底的其他美景。

石灰岩溶洞

除了观赏座头鲸外，瓦瓦乌岛上还有很多因受海水侵蚀和冲击而形成的石灰岩孔洞和溶洞。每当海浪袭来，海水穿过洞孔时，飞沫向空中飞喷，有的能高达 10 多米。阳光下，水花晶莹炫目，堪称奇景。此外，瓦瓦乌岛还有一

到瓦瓦乌岛最不可错过的当属与鲸同游，当第一次近距离与鲸同游时，心中那种恐惧和兴奋是无法言表的。

❖ 与鲸同游

❖ 洞穴潜水

❖ 燕洞

个著名的石灰岩溶洞——“燕洞”，它高 30 米，周长 60 多米，仿佛是一座瑰丽的大厅。每当阳光从洞口射入后被水面反射到四壁上，呈现一派五光十色、光怪陆离的景象，这种魅力甚至可以媲美帕劳的蓝洞。

瓦瓦乌岛拥有几十个小海湾，沙洲和浅滩较多，因极少受到外界的侵扰，如今仍然保持着大自然的原生态，这里沙质细软、海水纯净、珊瑚丰富、空气清新、蓝天白云、椰林摇曳，素有“小夏威夷”的美誉，是世界上最适合浮潜和游泳的地方之一。

汤加以胖为美，胖男算俊男，胖胖的、无腰身算美女，汤加成年女性平均身高 160 厘米，而平均体重则达到 73 千克。全国胖子冠军是宣布汤加独立的国王图普四世，体重最重达 209.5 千克，被吉尼斯世界纪录列为最胖的国王。

水下观鲸不允许携带水肺设备（氧气瓶），主要为了避免产生气泡引起鲸恐慌，只能戴面镜和脚蹼下水裸潜，所以只有有一定裸潜能力的潜水者才能到水下观鲸。

在瓦瓦乌岛常可看到自由自在的野猪，它们拖家带口地在海边沙滩上觅食。

❖ 海边的野猪

内亚富小镇是瓦瓦乌岛的重要部分，也是汤加第二大小镇，这里民风淳朴、景色优美、水清沙幼。

❖ 内亚富小镇

鲨鱼滩

观看鲸鲨的顶级潜点

这里是世界上观看鲸鲨的顶级潜点，人们不仅能在船上观看鲸鲨，还可以潜入水中与它们近距离邂逅，景象让人震撼。

塞舌尔拥有全世界最大的珊瑚礁、多达900种鱼类、100多种贝壳，尤其是有多种鲨鱼，如眼镜鲨、礁石鲨等，而这里最让潜水者推崇的潜点是鲨鱼滩浅滩处，它是观看鲸鲨的顶级潜点。

行踪不定的鲸鲨

鲸鲨又名鲸鲛、豆腐鲨、大憨鲨，属于软骨鱼纲、须鲨目、鲸鲨科，是世界上体型最大的鲨鱼。这种鲨鱼被认为最早出现在6000万年前，生活在热带和亚热带海域中，寿命有70~100年。虽然鲸鲨具有宽大的嘴，不过它们主要以小型动植物为食。

1995年，人们在台湾海峡捕获到一条雌鲸鲨，它长达10米，而其腹中则有330个不同发育程度的胚胎。鲸鲨的繁育方式很奇特，与一般的鱼类大相径庭，幼体鲸鲨在母体内就会破卵，离开母体时已经是鱼的外形，这种兼具卵生和胎生的特色繁育方式称为“卵胎生”。

❖ 鲸鲨

❖ **鲸鲨的大嘴**

鲸鲨的嘴巴内含有 300 排以上细小的牙齿，总齿数至少有 3000 颗。然而，这些小齿既不是用来啃咬，也不是用来咀嚼食物的。

电影《大白鲨》中鲨鱼凶残的样子一定让许多人害怕，而事实上，塞舌尔海域的鲨鱼并不咬人，尤其是有名的鲸鲨，更是一种温顺憨厚的生物，它们甚至会与潜水者嬉戏。

鲸鲨会随着季节迁徙，它们行踪不定，仿佛神龙见首不见尾。因此，每年都有很多潜水者在热带海域中搜寻它们，希望能够近距离地亲密接触这种海洋霸主，但每每铩羽而归，而在塞舌尔鲨鱼滩却能很容易见到鲸鲨的身影。

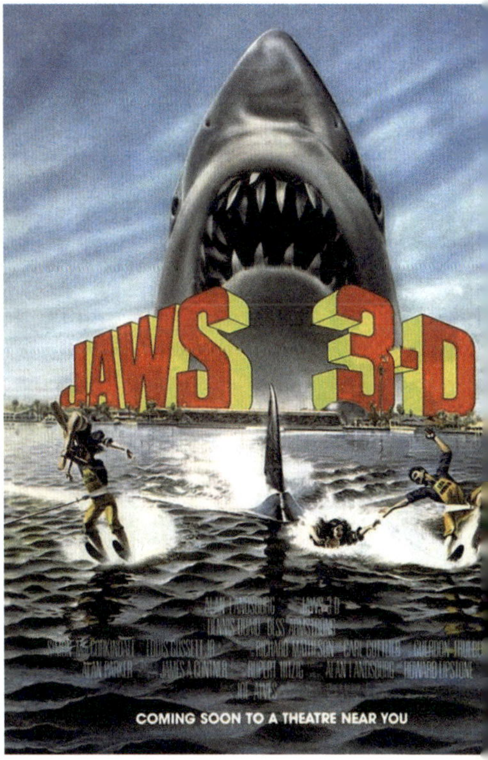

❖ **电影《大白鲨》剧照**

《大白鲨》是一部惊悚片，影片讲述的是小镇近海出现一条巨大的食人大白鲨，多名游客命丧其口，当地警长在一名海洋生物学家和一位职业鲨鱼捕手的帮助下，决定猎杀这条鲨鱼。

鲸鲨拥有巨大的身躯，不过不会对人类造成重大的危害，它们经常被科学家用来教育社会大众：不是所有的鲨鱼都会“吃人”。

鲸鲨是滤食性动物，没有强壮的下颚和锐利的牙齿，因此小鲸鲨出生后，便会面临大型物种，如旗鱼、海豚、虎鲸，还有其他鲨鱼，甚至是海龟的威胁。

鲸鲨虽然分布广泛，却因为性成熟迟缓、成长缓慢等特性，以至于大型的成熟个体并不多见。

❖ 与鲸鲨同游

有一项未经证实的报告指出，鲸鲨会保持静止，将身体倒翻过来让潜水者清理腹部的寄生物。潜水者可以与这种巨大的鱼类一同游泳，除了会被鲸鲨巨大的尾鳍无意间击中以外，不会遭受其他任何危险（不过在塞舌尔有规定，潜水者不能用手触碰鲸鲨，据说会导致鲸鲨皮肤感染）。

触手可及的鲸鲨

鲨鱼滩作为塞舌尔最著名的潜点，这里的花岗岩礁石的底部有大量的海洋生物，平时与塞舌尔其他海域并无什么不同。

不过每当 9—11 月，鲨鱼滩就会变得不再寻常，因为这个时间会有大量迁徙的鲸鲨途经塞舌尔海域，而鲨鱼滩浅滩处是公认的最容易遇上鲸鲨的地方。因此，每当这个时期，一艘艘满载观鲨者的观鲨船会来到鲨鱼滩。在鲨鱼滩，游客不但可以在船上欣赏巨大的鲸鲨，还可以下海浮潜，在不打扰鲸鲨的前提下，更近距离地接触它们，这些比篮球场还要长的蓝色的庞然大物，仿佛一座座漂浮在水中的小岛一般，能让每个潜水者都心惊肉跳，甚至忘记按下早已准备好的水下照相机的快门。

在塞舌尔有明确规定，看鲸鲨只能浮潜，禁止水肺潜水，因为容易惊扰到鲸鲨。

博瓦隆北点岩

妖 娆 多 姿 的 章 鱼 潜 点

博瓦隆是塞舌尔著名的潜水胜地，其海底有非常漂亮的珊瑚和丰富的海洋生物，尤其是北点岩海底的章鱼群更是妖娆多姿，诱惑着每个人。

塞舌尔的每一个海滩都有独特的魅力，有的拥有细如粉泥的白沙滩、有的拥有天然雕琢的怪礁石、有的拥有色彩变幻的海水，而位于塞舌尔主岛马埃岛北部的博瓦隆海滩，则拥有塞舌尔所有海滩的魅力。

❖ 博瓦隆海滩绵长的白沙滩

潜水胜地

从世界上最小的城市之一——塞舌尔的首都维多利亚市，自驾车不足半小时即可到达博瓦隆海滩，它有长达 4 千米的细腻洁白的沙滩，宛如一条绵长、发着耀眼白光的弧线，上面点缀着棕榈树和塔卡玛卡树。海岸边分布着不同档次的度假村、餐厅、潜水中心以及摩托艇、滑翔伞等服务商店。海滩外是一望无垠、如水晶般透明的海水，水下是丰富多彩的珊瑚礁，海滩北边还有巨大的礁石。迷人的博瓦隆海滩是一个可以探索神秘的海底世界的潜水胜地。

塞舌尔与中国建交后，对中国公民实施免签政策。带着护照、自行打印的酒店预订单、机票预订单，待入境工作人员在你的护照上盖上有海椰子图案的印章后，便可以开启美妙的旅程了。

❖ 博瓦隆海滩怪异的石头

❖ 海岸边面朝大海的度假村和民宿

❖ 北点岩

❖ 海钓

欣赏章鱼的潜点

博瓦隆海滩众多潜点中最具特色的要数海滩北端的北点岩，这里有大量的章鱼栖息、捕食，所以又称作章鱼岩。

北点岩水下有一个小峡谷，深度约为 15 米，海底长有颜色各不相同的珊瑚丛，有紫色、蓝色和黄色等，非常漂亮。北点岩的海水清澈，而且水流平缓，非常适合新手潜水。

北点岩是一个著名的章鱼潜点，在这里可以欣赏到大小不一的章鱼，它们多姿多彩的形态，使人不禁想将它们捧在掌心，或轻轻抚摸它们，或是和它们捉迷藏……

除了随处可见的章鱼之外，北点岩还有丰富的海洋生物，如鹰鳐、石头鱼、海鳝、龙虾等，偶尔还能看到玳瑁和刺鳐。在这里，潜水“菜鸟”可以和资深潜水者享受同样的乐趣。

博瓦隆沙滩是马埃岛上最受欢迎的海滩，曾被评选为“世界十佳沙滩”之一，是世界排名第三、非洲排名第一的沙滩，除了可以潜水和在沙滩上休闲游玩之外，还可以乘船去更远的海域海钓，享受美妙的海上假日。

黎塞留岩

观赏鲸鲨和魔鬼鱼的最佳潜点

泰国最适宜潜水的地方就是苏林群岛海洋国家公园，这片海域是世界知名的潜水胜地，黎塞留岩就是这里的一个著名潜点，它是一个远离大陆、未被破坏的热带海底天堂，清透的海水之下有大片色彩缤纷的珊瑚礁，岩礁的每一处都充满着惊奇。

黎塞留岩位于泰国斯米兰群岛的北方、苏林群岛东南 18 千米的安达曼海域，往北不到 5 海里就是缅甸海域，是泰国的一个顶级潜点，也是游客去斯米兰群岛、苏林群岛乃至泰国的主要探索地。

令人震撼的鱼群

黎塞留岩形如马蹄，只有在低潮期或者退潮时，它的顶部礁石才会稍稍露出水面，其他时间全部都淹没在海水之下，被珊瑚等各种生物占领。它最早由潜水先驱、法国人雅克·伊

❖ 莫肯族村落的房屋

这是苏林群岛上的莫肯族村落（泰国的少数民族）的房屋。莫肯族村落是苏林群岛通往黎塞留岩的上岸点之一，也是一处浮潜点。

黎塞留岩最适船宿潜水，因为与缅甸海域相邻，可以潜入海中北上探索缅甸海岸。

❖ 黎塞留岩的海底美景

❖ 潜入黎塞留岩的海底

雅克·伊夫·库斯托（1910—1997年），法国人，海军军官、探险家、生态学家、电影制片人、摄影家、作家、海洋及海洋生物研究者，法兰西学院院士。
1943年，库斯托与埃米尔·加尼昂共同发明了水肺。1956年，库斯托与路易·马勒合作制作了纪录片《沉默的世界》，这是电影史上第一部全景记录海底生态奇观的电影，在第9届戛纳电影节获得金棕榈奖。

夫·库斯托发现，如今属于泰国苏林群岛海洋国家公园管理。

黎塞留岩孤独地耸立在安达曼海上，地形怪异，因有3座海底独立礁石而产生了许多乱流。因此，这里聚集着大量的鱼类，有鲽鱼、鲹鱼、四线笛鲷、梭鱼和许多不知名的鱼群，彼此穿梭不停，犹如万花筒般，令人目不暇接，那种震撼场景让人久久不能忘怀。

鲸鲨磁铁

黎塞留岩又被称作“鲸鲨磁铁”，从这个独特的

❖ 与鲸鲨同游

❖ 黎塞留岩美景

名字就能窥探出它与鲸鲨的不解之缘。每年的 3—4 月，大量的鲸鲨会来到这个海域活动，许多潜水者就会从斯米兰群岛和苏林群岛乘坐潜水船来此，船宿于黎塞留岩海域。

苏林群岛的面积约为 33 平方千米，环境接近原生态，几乎与世隔绝，岛上原住民莫肯族仅有 300 余人，以打鱼为生。整座岛屿只有少数地方被用作帐篷营地，供游客使用，其他地方均未开发，到处是郁郁葱葱的雨林，还有海滩、红树林和珊瑚礁。海滩上有巨蛤、寄居蟹等，岛上则有尼科巴鸠和红树巨蜥等动物。

每当有巨大而令人震撼的鲸鲨从眼前缓缓地游过，惊扰得海中的大、小鱼群纷纷让道时，船宿于海面的潜水者都会瞬间被鲸鲨惊得不知所措，随后便会激动地潜入水中，跟随着鲸鲨在海洋中缓缓前进。

黎塞留岩不仅能看到鲸鲨，还能看到巨大的魔鬼鱼，时常有魔鬼鱼优雅地舞动“翅膀”出现在这里，使这里的绝美珊瑚、其他的生物都瞬间成了背景。

在黎塞留岩，无论是潜入水下还是在船上，无论是微距摄影还是广角拍摄，都能拍出美轮美奂的照片，这里也因此被称为全世界最好的潜点之一。

❖ 尼科巴鸠

尼科巴鸠的野外数量稀少，这是一种大型鸽子，体长 34~40 厘米。头部和颈部的长羽为黑灰色，带有紫色金属光泽。它们栖息于岛屿上的林地中，以植物种子、果实，以及小型无脊椎动物等为食。在苏林群岛的树木或灌丛上有大量的尼科巴鸠巢窝。

珊瑚海岸

天　堂　也　不　过　如　此

珊瑚海岸的珊瑚礁异常漂亮和丰富，与澳大利亚的珊瑚礁相比，这里显得宁静很多，也更神秘、更浪漫，随手一拍都是美丽的艺术照。

斐济是南太平洋上的明珠，是世界十大蜜月旅行胜地之一，比尔·盖茨等都曾在这里度蜜月。斐济还是许多电影的取景地，如《荒岛余生》《蓝色珊瑚礁》都曾在这里取景。

斐济人爱美，而且男人比女人更甚。这里的男人喜欢在身上佩戴琳琅满目的各种饰品，尤其是红色的扶桑花。不论男女，都爱将这种火红色的花朵插在头上，插左边表示未婚，插两边则表示已婚。

维提岛这个词的意思是大斐济。

维提岛又名美地来雾岛，是南太平洋岛国斐济共和国最大及最重要的岛屿。

斐济被誉为世界上最东也是最西的国家，作为斐济的主岛，维提岛还是迎接全世界第一缕阳光的地方，它有历史悠久的城市建筑，还有让人迷恋的风景。

维提岛最值得驻足的地方并非城市，而是维提岛的珊瑚海岸，它也是整个斐济最值得去的地方之一。珊瑚海岸是斐济最美的海岸，也是斐济最知名的地方，几乎所有来到斐济的人都听过它的大名。

珊瑚海岸是指一条沿维提岛南岸，从辛加东加到苏瓦、长约 80 千米的海岸公路，穿过一片美丽的甘蔗田、松树农场。沿途风景优美，细沙遍布，海水湛蓝，珊瑚礁隐约可见，珊瑚海岸的海底栖息着上百种珊瑚、上千种热

❖ 维提岛周边小岛

❖ 维提岛的水下珊瑚及生物

带鱼类和其他海洋生物，几乎拥有所有珊瑚礁的生物环境，整个海岸几乎处处是潜点，而且这个地区没有明显的海流，对于缺乏经验的潜水者来说是一个较好的水肺潜水地点。

斐济到处都是红花，红花又叫木槿，它是斐济的国花。

维提岛周边有许多小岛，每座岛屿都有自己的个性，玛那岛是最具代表的岛之一，这里有柔美的蓝天、五彩斑斓的沙子、礁石、珊瑚，海水在阳光的折射下变得五颜六色。

❖ 玛那岛

儒艮潜点

与美人鱼同浴

许多传说故事、影视剧、书籍中都曾介绍过美人鱼，常常将它描绘成上半身为美人、下半身为鱼身的形象，其实现实中的美人鱼叫作儒艮，它是一种十分稀有的濒危物种，不过，潜水者可以在菲律宾的科隆岛北部轻松地邂逅它们。

❖ 迪士尼动画中的美人鱼

自4000年前起，人类便开始捕杀儒艮，食肉榨油，骨可雕物，皮可制革，迄今儒艮数量已极为稀少。2012年儒艮被列入《世界自然保护联盟》（IUCN）濒危物种红色名录。

在菲律宾的科隆岛北部生活着30多只儒艮，这片海域也是世界上为数不多的几个能近距离接触野生儒艮的地方。儒艮的平均成体长约2.7米，因雌性儒艮有怀抱幼崽在水面哺乳的习惯，很像在哺乳的女人，故儒艮常被称为“美人鱼”。

科隆岛上的任意一家潜店都有儒艮潜水的项目，只需坐船跟随潜导来到科隆岛北部的特定海域，穿上潜水装备，在船边或者岩礁等处静候。儒艮平常会在30~40米深的海底吃海草，不过它们会每间隔七八分钟就到水面上露出鼻子换气，在这个时候迅速下潜，就能悄悄地靠近它们。儒艮长得并没有传说中那么“诱人”，有点像电影《美人鱼》中的美人鱼“如花”，有着肥胖的身材和小眼睛，但是这一点都不影响潜水者与“美人鱼”同游的乐趣。

儒艮行动缓慢，性情温顺，视力差，但是听觉灵敏，很快就能发现靠近的潜水者，但是它们一点儿都不惧怕人类，反而会友好地在水中配合潜水者拍照，甚至摆出“笑脸”。

在西方有很多关于美人鱼的传说，有人说是儒艮、海牛，也有人说是另外一些物种。在中国也有关于美人鱼的传说，据《述异记》记载，宋代有个叫查道的人曾见过美人鱼，他描述说“海上有妇人出现，红裳双袒，髻鬟纷乱”。

❖ 儒艮

儒艮与海牛并不是同一种生物，海牛往往比儒艮大，儒艮的最大体长为3.3米，而海牛可长到4米；海牛的尾巴不分叉，儒艮的尾巴有点像鲸的尾巴，会分叉。

圣母礁岩

一处安全的潜水、戏水之地

圣母礁岩周围的海水清澈、透明，是一处初级潜水者也能安全潜水、戏水的地方，在这里下水无需任何准备，也无需任何装备，随时随地都可以一跃而下，与大海亲密接触。

圣母礁岩是由一块巨大的火山熔岩形成的礁石，矗立在菲律宾中部的长滩岛的 S1 区域。当地居民在这座礁岩上面盖了一座超小的教堂，里面供奉了一尊圣母像，因此而得名。这里是长滩岛上的标志性景点，也是一处安全的潜水、戏水之地。

长滩岛的建筑很少有超过 3 层的，它们掩映在椰林之下，少了城市中的拥挤和喧嚣，多了几分惬意。

一处安全的潜水之地

圣母礁岩以及长滩岛白沙滩海域的海水非常清澈，透过海面能看到海底多样的生物。圣母礁岩会随着潮水时而立在海水之中，时而立在沙滩一隅，涨潮时圣母礁岩被淹没在海水之中，仅剩上部分露出水面，这时，大家可以将衣物脱在礁岩上，然后跃入大海，在圣母礁岩周围潜水、游泳或戏水。

长滩岛距离马尼拉以南约 315 千米，是菲律宾中部的一座岛屿，整体呈狭长形，它犹如一根骨头，两头大、中间窄，最窄处只有 1 千米左右，面积仅 10 多平方千米，整座岛长 7 千米，布满各种海滩。

❖ 长滩岛如一根长长的骨头

❖ 海中的圣母礁岩

涨潮时，圣母礁岩仿佛一艘小船漂荡在海中。

长滩岛一年只有旱季和雨季两个季节。6—10 月为雨季，气候湿热，午后常会有雷阵雨。11 月至次年 5 月为旱季，降雨较少，是旅游的旺季。

世界七大美丽沙滩之一

退潮时，需要去离圣母礁岩较远的海域游泳或者潜水，或者干脆走上岸，因为这时的圣母礁岩已完全由海滩与陆地连成一片。

站在圣母礁岩上，朝南能清楚地看到长达 4 千米的长滩岛白沙滩，它被誉为世界上沙子最细的沙滩、世界七大美丽

❖ 在圣母礁岩浮潜

❖ 宁静的海面

❖ 沙滩边的圣母礁岩

退潮后，圣母礁岩如同横卧于沙滩上的巨兽。

❖ 卢霍山山顶的观景台

沙滩之一，白沙滩从北向南延伸，这些白沙是由大片珊瑚磨碎后冲刷而成的，白沙滩平缓舒展，沙子洁白细腻，即使在骄阳似火的正午时分，沙子形成的白色也不会刺眼。这里的沙子呈现银白的珠光色，若是光脚踩在沙滩上会有清凉之感。

卢霍山是长滩岛最高的地方，海拔 100 米，虽然不高，但很难攀登，在山顶可以俯瞰全岛风貌，可 360 度无死角地欣赏绝美海景！

❖ 长滩岛白沙滩

巴里卡萨大断层

人　类　的　海　底　天　堂

巴里卡萨岛没有嘈杂的人声和城市的喧嚣，有的只是绝美海岛独有的原始和宁静，尤其巴里卡萨大断层的海底世界，更是每个潜水者最向往的水下天堂。

巴里卡萨岛的最大特色就是可以漂在水中俯瞰巴里卡萨大断层。

巴里卡萨大断层有珍贵稀有的黑珊瑚礁环绕着生长，此处的珊瑚呈玫瑰状，格外艳丽。

鸟瞰巴里卡萨岛，它更像是一颗悬浮在海面上的巨大眼睛，有着蓝绿交错的虹膜和泛黄的瞳孔。

巴里卡萨岛是一座赤道珊瑚岛，孤立于海中央，距离薄荷岛只有 45 分钟车程，整座岛好像一朵巨大的蘑菇竖立在海底，露出海面的部分就是巴里卡萨岛。

巴里卡萨岛四周有白色细腻的沙滩，沿着沙滩可以走到海中，海水呈不规则的蓝绿色深浅分层，近处的是清澈见底的绿色海水，稍远处的则是不规则的蓝色区域，海水下面满是暗礁和珊瑚；再远处，海水突然变成深蓝色，这就是世界知名的巴里卡萨大断层的景象。

❖ 鸟瞰巴里卡萨岛

❖ 巴里卡萨海滩

在巴里卡萨大断层潜水，可以让你感受到“当你凝视深渊的时候，深渊也在凝视你”的神秘感。

❖ 巴里卡萨大断层的海底悬崖

薄荷岛上的很多旅游项目都在周边各岛屿，其中巴里卡萨岛就是薄荷岛最著名的潜水胜地之一。

巴里卡萨大断层是一座几乎呈90度陡峭的悬崖，它垂直于大海中并直达海底，有近3000米的落差。崖壁上满是珊瑚和各种生物，成群美丽的热带鱼穿梭其间，海中美景犹如花园般花团锦簇，超过50厘米长的大鱼随处可见，形成了颇为罕见的海底奇观，是世界潜水迷心中的潜水胜地，清澈的海水会让潜水者有种在太空中漫步的错觉。这里只允许持证深潜，而且每天有名额限制。

❖ 杰克鱼风暴

巴里卡萨海域有大量的鱼类，尤其是在距离水面5~10米处，浮潜者常可以隐隐看到杰克鱼风暴，且杰克鱼都非常大。

❖ 处女岛

处女岛离巴里卡萨岛很近，鸟瞰处女岛，它就像一只白鸽，这是一座无人小岛，岛上长长的沙滩延伸到海中，没有涨潮的时候，在海水中可以走出几百米远，沙滩两旁停满了螃蟹船。

德国水道

观　赏　蝠　鲼　的　最　佳　潜　点

德国水道曾是一条修建在帕劳浅滩的运输水道，如今已经成为帕劳最美的潜水海域，水道中色彩湛蓝，两侧青翠浅绿，在水波荡漾中更是七彩夺目。

德国水道位于帕劳长沙滩与帕劳大断层之间，在长满珊瑚礁的海面上可明显地看到一条蓝色的长形水道，是通往帕劳大断层的必经之路，也是在帕劳观赏蝠鲼的最佳潜点。

帕劳有 1500 多种鱼类，拥有世界上色彩最艳丽、品种最多的热带鱼，被称为“上帝的水族馆”。

曾经是德国人的运输水道

由于帕劳这片海域比较浅，而且遍布珊瑚礁岩，行船极为不便，19 世纪末，为了运送帕劳南端盛产的磷矿，德国从西班牙手上买下了这个地方，并于 1900 年左右，用炸药将环礁炸开，在海底开通了一条可通航运输船只的水道。这条水道全长 366 米，水深 3 米，通往安加尔岛。

帕劳全称帕劳共和国，全国陆地面积 459 平方千米，人口大约 1.8 万。

❖ 帕劳美景

❖ 德国水道

帕劳曾先后被西班牙、德国、日本和美国管理。1986 年，帕劳与美国签订为期 50 年的《自由联系条约》，帕劳政府获得内政、外交自主权，安全防务由美国负责。帕劳国民不是美国公民，不能参加美国大选，但可自由出入美国，无需签证即可在美国居住、读书和工作。

❖ 珊瑚礁

7 种不同的海水颜色

如今，德国水道不再是一条运输通道，而是帕劳的一个标志性景点。德国水道中间清澈见底，呈青翠浅绿色，逐渐向两边延伸，两旁由于珊瑚礁丛生，海水呈现不同程度的灰色，再往远端的深海海域，海水颜色逐步渐变，从浅蓝色变成深蓝色，共有 7 种不同的海水颜色，帕劳的七色海也就在此海域。

德国水道远处的小岛好似飘浮在空中一般，空灵寂静，当快艇从德国水道上飞快划过时，更是能激起千变万化的色彩，远超七色海景，非常清秀独特。

观赏蝠鲼的最佳潜点

德国水道的七色海水确实非常有名，但让它真正名闻遐迩的是蝠鲼。

在帕劳，除了德国水道外，还有帕劳群岛西边的乌龙水道、塞斯隧道等潜点，美得让人惊叹。

❖ 蝠鲼

德国水道位于帕劳著名的生态潜点处，大量的医生鱼和医生虾生活在这里，常有大量的蝠鲼、灰礁鲨来水道内找“医生”为它们清理身体上的寄生虫。德国水道中最有名的一段是一个叫作蝠鲼岩的地方，这里是蝠鲼的专享“清洁站”，这里的蝠鲼最多，也最集中，是在德国水道潜水观赏蝠鲼的绝佳场所。

除此之外，德国水道内还聚集着众多的鱼群，如各种梭鱼、石斑鱼、狮子鱼、叶鱼、炮弹鱼等，人们在这里潜水时都随处可见。

❖ 七色海

帕劳大断层

被潜水界誉为世界七大潜点之首

帕劳大断层是峭壁潜水的绝佳之地，除了有险峻的地势之外，还有丰富的海洋生物，若非置身于这个深入海底的崖壁环境中，人们绝对很难想象世界上居然有如此美丽的海底世界。

海底大断层是指位于海底的悬崖，当其位于近海时，就会成为美不胜收的潜水胜地。世界上最著名的两个海底大断层是巴里卡萨大断层和帕劳大断层。

帕劳大断层位于西太平洋的加罗林群岛西部、帕劳群岛的贝里琉群岛北方。

丰富多样的海底生物

帕劳大断层由贝里琉群岛北方的环礁群向外延伸 2~3 米后，突然急剧下降300米，最深可达2000米，如同断层一般，成为一个海中的大峭壁。

帕劳大断层上遍布着软、硬珊瑚与巨型海扇，尤其是在断层交接处，几乎随处可见珊瑚，以及各种生活于珊瑚礁的鱼类，有成群的金花鲈、神仙鱼、小丑鱼、扳机鲀、鹦哥鱼、管口鱼等，还有“漫天飞舞”的各种蝴蝶鱼。此外，帕劳大断层深处还有大型的鲨鱼、海龟、鸢魟和帕劳国宝鱼——拿破仑鱼等。

❖ 峭壁上的珊瑚

❖ 躲在海葵中的小丑鱼

小丑鱼常会躲藏在峭壁浅滩的海葵中，当有潜水者经过时，小丑鱼就会飞速躲藏起来，和人们捉迷藏。

如此丰富、多样化的海底生物，形成了许多壮观的海底景象，也使帕劳大断层成了帕劳最热门的浮潜之地。

特有的刺激感

帕劳大断层或许称为海底悬崖、峭壁更为确切，它的一边是高耸的断崖浅滩，一边是无尽的深渊，游走在帕劳大断

❖ 在珊瑚群中穿行的蝴蝶鱼

从“干贝城”到帕劳大断层，坐快艇需要经过帕劳有名的“德国水道”。

层的边缘地带，会让人觉得特别刺激。初次来帕劳大断层的潜水者，看着水下深不见底的陡峭崖壁，往往会感觉到无比恐惧，好像会有一种无形的力量将自己的身体拽入深渊的感觉，而这种感觉却是一种非常特殊的体验（这种恐惧的感受在其他的大断层潜水时也会有）。不过，一切担忧和恐惧都是多余的，几乎所有潜水者都会很快适应这种恐惧，然后开始享受在这里潜水的乐趣。

海扇一般生活在海底的细沙中，喜欢把身体埋在沙子里。在帕劳大断层的海底峭壁上也长着细细的、有橙色树杈一样的海扇。海扇也称柳珊瑚，由圆柱形固着生活的水螅体组成扇状群体，故得名。

❖ 峭壁上的橙色海扇

浮潜训练的进阶潜点

帕劳大断层非常适合作为浮潜训练的进阶潜点，它位于外环礁，有个“V”形的峡谷，潮水涨退时水流较为强劲，非常适合略有浮潜经验的人潜水。初学潜水者如果直接就在帕劳大断层潜水，可能会非常不适应这种较为强劲的水流。

帕劳大断层有冷热洋流在此交汇，在这里浮潜时会有海水时而温、时而凉的奇特体验，除此之外，这里最适合的潜水方式就是放流式浮潜，随着潮汐的水流体验随波逐流的感觉，享受被洋流带着漂流的滋味，非常省力，不过也常因流速太快而错失一些美丽风景。

世界上的许多海域拥有各式各样的断层结构，而帕劳大断层这种惊世骇俗的美是世界上独一无二的。正因为如此，帕劳大断层被誉为世界七大潜点之首。

在帕劳大断层潜点西北侧有一个新断层，虽无大断层的壮观，但垂直深度也达到了600米。

❖ 帕劳大断层

在帕劳大断层潜水欣赏水下美景的同时，要注意安全，不要因只顾看美景而被水流带走太远；不要为了亲近美景而离珊瑚太近，以免被刮伤、擦伤。

帕劳潜水的最佳季节是每年的11月至次年的5月，这时候的水流相对平静。

帕劳每年的6—10月浪很大，很多潜水高手更喜欢大流大浪，所以喜欢这时候过来潜水，因为更好玩。

在帕劳大断层深处潜水时，拿破仑鱼会很好奇地来到你身边，上下左右打量你的每个细节，而且如果是潜水队伍，这种鱼还会从第一个潜水员开始，一直检查到最后一个潜水员。因此在帕劳，拿破仑鱼被当地潜水教练称为“傻蛋”。

❖ 水底的拿破仑鱼

蓝角

世 界 上 独 一 无 二 的 潜 点

蓝角是帕劳最具标志性的潜点之一，每年吸引着数以万计的潜水者慕名前来。在世界潜水圈流传着这样一句话："若帕劳没有了蓝角，这里将减少一半的潜水客"，如此形容似乎有点夸张，不过，当看到蓝角震撼人心的海底美景时，就不会觉得夸张了。

蓝角位于帕劳的西南角，是一个位于环礁外部的水下浅珊瑚礁平台，整个海域清澈透蓝，因它的断层一角朝外海飞出而得名。

蓝角的浅珊瑚礁平台在水下 15~20 米处，向外海的方向突出，约深 15 米，两侧是垂直直落 80 米的峭壁（惊悬），最深处达 330 米。峭壁上生长着各种各样的硬珊瑚、七彩软珊瑚、海扇等生物，水中能见度约为 30 米，峭壁边缘有成群的灰礁鲨来回巡逻，这种场景使每个潜水者感到震撼与惊奇。

蓝角附近海域在潮汐时水流强劲，会搅动珊瑚礁周边的沉积物，大量微生物会随着潮汐来到蓝角，所以造就了这里丰富的海底生态。

在蓝角深处潜水时，常会遇到蠢笨的拿破仑鱼靠近，它们甚至会对着潜水员卖萌，其目的或许仅仅是讨点吃的。

蓝角位于"德国水道"的人工运河右侧，那里有一个拥有特别美丽海床的区域，因为特殊的位置，远离众多的珊瑚礁群，面对开阔的大海，它截住了水流及其携带的微生物，因此，形成了丰富的食物链，使这个海域的海洋生物非常丰富。

拿破仑鱼又名苏眉鱼，是世界上最大的珊瑚鱼类，成年后通体铁蓝色并长出突出的嘴唇。拿破仑鱼主要产于东南亚、西太平洋及印度洋的珊瑚礁中，其体长可超过 2 米，体重可达 190 千克，寿命超过 30 岁。

❖ 拿破仑鱼

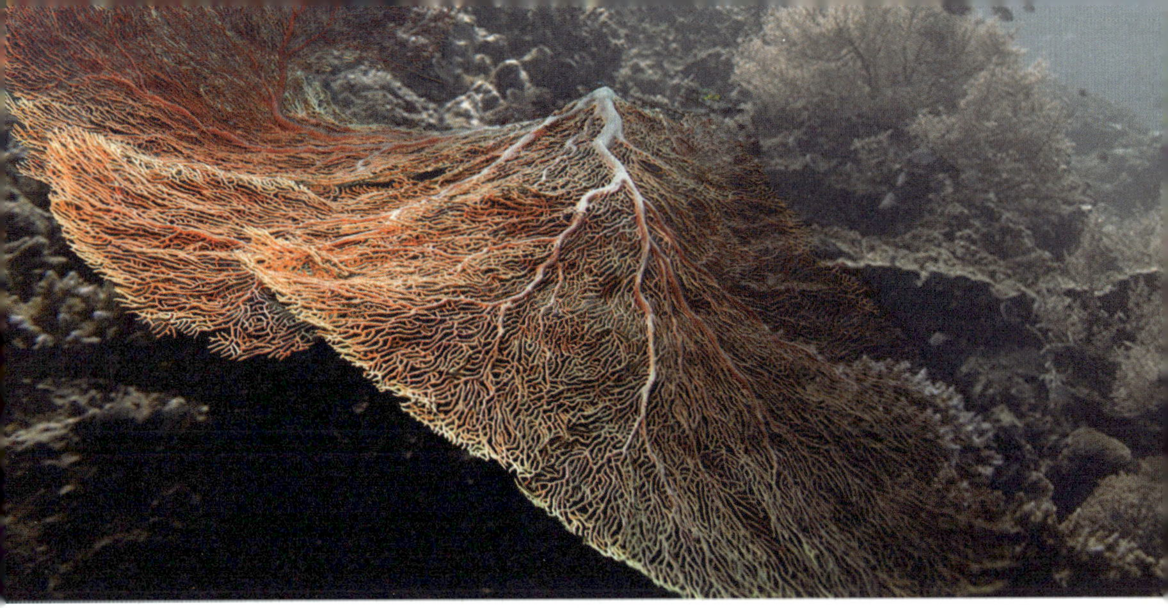

在蓝角可以看到大多数的热带海洋鱼类，如鲨鱼、鲈鱼、魟鱼、巨石斑鱼、大眼杰克鱼、拿破仑鱼、炮弹鱼、小丑鱼等，还有玳瑁、绿龟等海洋生物。

奇特的礁岩结构、笔直的峭壁，以及峭壁上覆盖的珊瑚、成群出现的鱼，使许多潜水专业杂志对蓝角潜点的评价非常高，甚至认为它是世界上独一无二的，是唯一能媲美帕劳大断层的海中峭壁，也是帕劳最值得推荐的潜点之一。

❖ 巨型海扇

在蓝角下潜至 25~30 米时，可以看到华丽的紫色软珊瑚与巨型海扇。

帕劳的水温为 26~29℃，能见度可达 30~50 米，非常适合潜水。

❖ 软珊瑚

在蓝角东部礁石壁下潜至约 8 米的深度，就可以开始发现有软珊瑚覆盖着。

沿着蓝角下潜至 25 米，然后沿着礁石壁继续潜游 20~25 分钟，可以到达帕劳另一个有名的潜点——帕劳蓝洞。

帕劳政府在蓝角这片海域设置了 3 个浮球，分别位于岩壁东边、中央、西边，供潜水船辨别方向并在此集结。

蓝角观赏水族生态的最佳地点是下潜至 10~20 米处。

翅滩

塞班岛无可替代的潜水胜地

翅滩是拍婚纱照的胜地，有白色的教堂、蓝色的大海、绿色的草坪和斑驳的树影等。虽然这里的沙滩上有众多破碎的贝壳和珊瑚，很容易扎伤脚，但是这里清澈的海水、独特的水下地貌和丰富的海洋生物，几乎弥补了所有不足。

翅滩地处塞班岛的西北端，它靠近亚洲，属于太平洋边缘地带。翅滩离塞班岛有名的马里亚纳海滨教堂不远，这里全年阳光充沛，气候舒适宜人，空气清新，海水湛蓝透彻，是塞班岛一个有名的潜点。

❖ 海滩上的碎石、贝壳和珊瑚碎片

❖ 翅滩

❖ 马里亚纳海滨教堂的圆顶亭子

从这个圆顶亭子边有一条小路可以直接通往翅滩。

❖ 白色的马里亚纳海滨教堂

马里亚纳海滨教堂

马里亚纳海滨教堂高高立于翅滩海边的悬崖之上，教堂外观为纯白色，有一个简约圆形的顶，就像希腊圣托里尼的白色小屋一样，在蓝天白云的衬托下，美得让人心醉。马里亚纳海滨教堂被誉为世界上最美的海景“婚钟”教堂，曾经入选“世界十大最美教堂”。当地人最喜欢在这个教堂举办婚礼，因此，这里成了许多情侣们拍摄的婚纱照中最常出现的塞班岛的风景。尤其是中国游客来到塞班岛后，绝大部分人都会来此排队，等待拍照打卡。

❖ 翅滩上的礁石

翅滩是一个绝佳的岸潜和船潜潜点，其水下地貌多变，包括大裂缝和惊险的断崖。从船上进行放流潜水是这里的最佳潜水方式。

翅滩不仅常有鲨鱼出没，晚上海岸边的度假村中还会有西班牙热舞，这一切都让这个潜点名声大噪。

翅滩没有绵延美丽的沙滩，平时非常安静。不过，每到周末，这里会成为当地人烧烤、野餐的聚集地。

从海滩往下走时需要小心，因为海滩上有很多破碎的贝壳和珊瑚。

翅滩

沿着马里亚纳海滨教堂边的小径，可以直接走入翅滩。如果说马里亚纳海滨教堂是婚纱照的最美背景，那么翅滩便是整张照片的灵魂。

翅滩很小，上面还有很多破碎的珊瑚和贝壳，而且沙滩上还有一堆非常大的礁石，所以游玩的人不多，但是这里却是潜水者最爱的地方。

潜水者只需背着装备，从翅滩的礁石堆踏着水往大海走，就可以走到珊瑚礁带，然后便可以朝着右侧浮潜或者游泳至水中断壁，再沿陡峭的断壁浮潜 50~60 米，就可以发现一个深深的裂口，裂口处的水中景色变幻无穷，这里除了有海龟、蓝鳍鲹和浪人鲹之外，还时常有鲨鱼等大型鱼类光顾。翅滩最佳的潜水区域并不大，但是却小而精致。

虽然在翅滩潜水没有在巴里卡萨大断层和蓝角那么惊险刺激，但是这里却是一个非常精致的浮潜之地，与其他的浮潜地相比，这里的水更清，能观赏到的海洋生物更多，人更少，潜水者可以肆无忌惮地在海中浮潜。这无疑使翅滩在潜水圈内获得了更多的好评，也让它成为塞班岛首屈一指的潜水胜地。

管风琴岩岛

隐 秘 而 神 秘 的 潜 水 秘 境

管风琴岩岛如戈壁一样壮美，因古老、神秘和绮丽风光而让人迷恋，其陆地是鸟类的天堂，海底是潜水者的秘境，让人大有此生不去探索一番必会后悔的感叹！

管风琴岩岛是诺西贝群岛中一座非常有特色的袖珍岛屿，它位于马达加斯加北岸 70 千米处，由于交通不便，只能乘船上岛，每年只有几百位游客到此，因此，依旧保持着原始的朴素与神秘。

诺西贝群岛是马达加斯加最大和最繁忙的旅游度假胜地之一，同时也是一个闻名遐迩的潜水胜地。

成百上千根圆柱体

管风琴岩岛大约形成于 1.25 亿万年前的马达加斯加与非洲大陆分离之时，岛上有排列有序、形如巨大管风琴的管状玄武岩自然奇观。

❖ 北爱尔兰著名的巨人之路

❖ 管状玄武岩

管风琴岩岛上有成百上千根管状玄武岩，它们闪着红光直刺天空，单根管状玄武岩最长达 20 米。它与北爱尔兰著名的巨人之路非常相似，都是火山爆发后由迅速喷涌而出的岩浆沉积形成的，树木则像标本一样镶嵌在其中。

美妙的管风琴岩

管风琴岩的管状玄武岩呈铜褐色，上面布满垂直的条纹，其中藏有大量已灭绝的鱼类在 4000 万年前形成的化石；在如同荒凉戈壁般的管风琴岩上还顽强地生长着一些植物，甚至还有小树从岩缝中挤了出来，让每个发现它们的游人无不为之惊叹。沿着管风琴岩垂直条纹而下的海水中有大量因火山岩剥落而沉浸的化石，管风琴岩岛海域还生长着 300 多种珊瑚和种类繁多的鱼类，如鳗鱼、梭鱼、石首鱼和金枪鱼等，这里是一个潜水秘境，是潜水者最爱探索的潜点之一。

❖ 马达加斯加海雕

岛上栖息着大量的鸟类

管风琴岩岛的海底是潜水者的天堂，陆地则是鸟类的天堂，这座长 12 千米、宽 3 千米的无人岛，靠岩石缝隙过滤出来的纯净雨水，滋养着岛上的植物和大量鸟类，这些鸟类包括褐鲣鸟、北方塘鹅和白尾鹲等，还有全球最珍惜的鸟类之一——军舰鸟和濒临灭绝的天空之王——马达加斯加海雕。

❖ 管风琴岩岛

管风琴岩岛及诺西贝群岛是军舰鸟唯一的栖息繁殖地，这里最大的军舰鸟群可达 100 对。

❖ 军舰鸟

恶魔之眼

奇　特　的　海　狼　湖

科隆岛被《福布斯》杂志誉为“世界十大潜水地”之一，这里几乎集结了巴拉望所有的水下美景，不仅是绝美的珊瑚聚集区、神秘的沉船墓地，还是“恶魔之眼”的所在地。

菲律宾巴拉望省北部的科隆岛不仅是沉船潜水的天堂，这里的喀斯特地貌还形成了星罗棋布的潟湖，几乎每个潟湖都是一处绝美的潜水之地。在科隆岛众多的潟湖中最有名的要数海狼湖，它是一个四面环山的封闭湖，湖底与海底火山相通，因独有的三处奇观而备受潜水者追捧。

第一奇观：孤独的海狼鱼

传说在海狼湖中生活着一群“天降”的海狼鱼，海狼鱼在菲律宾的原住民语中叫作巴拉库塔，因此，海狼湖也被称为巴拉库塔湖。不过，据当地的潜导介绍，湖内并没有一群海浪鱼，据观察仅发现一条，而且非常大，几乎每个来此潜

❖ 科隆岛的喀斯特地貌

❖ 巡视领地的海狼鱼

水的人都有机会遇到它，它在孤独地巡视着自己的领地，既好奇又谨慎地注视着每个来访之人。

这条孤独的海狼鱼总会远远地跟随潜水者，如果潜水者想要靠近它，它会迅速逃离，过一会儿，它又会出现在远处注视着潜水者。

第二奇观：湖水上下分层

海狼湖最大的特点是湖水上下分层，它由 40% 淡水（位于上层 0~14 米处）与 60% 海水（位于 14~34 米处）组成。

❖ 海狼湖海底

❖ 海狼湖峭壁

❖ 海狼湖湖底如哥特式建筑的峭壁

❖ 恶魔之眼

双子湖由两个小潟湖组成，因此也称为双子潟湖，在这里可以下水游泳、潜水，探秘神奇的水下风光。

❖ 双子湖

更奇特的是，海狼湖的湖面温度适宜，常年在28℃左右，随着海水深度到达12米后，水温会随着深度加深一直增加到38℃，甚至更高。这是因为海狼湖与海底火山相通，湖底有大量的石灰石释放出热量，因此，海狼湖也被称为冷热湖。

在海狼湖中潜水能穿越冷与暖、淡与咸的湖水，这是在其他任何地方都不会有的潜水体验。不过要注意，如果长时间在湖底高温里潜水，会引起潜水高温症，所以在海狼湖潜水时应时常在冷热水之间切换。

❖ 凯央根湖

凯央根湖被誉为“菲律宾最干净清澈的湖泊”，这里有蔚蓝色的天空、碧绿色的海水和壮美的山峰，湖泊仿佛镶嵌在林立的山崖之中，平静而安宁，因此也被称作“镜湖”。凯央根湖的能见度超过40米，一下水瞬间就会深陷鱼群中，非常适合游泳、浮潜。

第三奇观：“恶魔之眼”

海狼湖四周被山岩峭壁包围，岩石上是密密麻麻的绿树，岩壁崎岖、怪石嶙峋，犹如哥特式建筑一直延伸到湖底，而且几乎垂直于水底，使海狼湖的湖底更显阴森、寂静。

沿着海狼湖的峭壁一直下潜，在湖底有一处仿佛是由刻意雕琢出来的绝壁围成的眼睛状的凹地，这便是名震潜水界的“恶魔之眼”，它诱惑着每个潜水者来此打卡，潜水者随手一拍，就能拍摄出超现实主义的照片。

除了海狼湖之外，科隆岛还有许多潟湖，其中凯央根湖和双子湖都是当地的重要风景点，也是不可多得的潜点。

❖ 凯央根湖很适合浮潜

真荣田岬

潜入“阿凡达”的世界

在恩纳村既可以像《恋战冲绳》中的主角一样，站在万座毛的悬崖边上欣赏大海的美景，也可以像鱼儿一样在真荣田岬潜水，穿梭在五彩缤纷的海底世界。

❖ 真荣田岬的蓝洞

真荣田岬的蓝洞距恩纳村15分钟船程，是一座山崖下的水洞。可以浮潜或潜水进入。

真荣田岬位于冲绳岛的恩纳村，是冲绳本岛最有代表性的潜点，也是冲绳最受欢迎的浮潜地点。

真荣田岬

恩纳村一带是世界闻名的潜水胜地，这里的海水清澈通透，海底遍布着美丽的珊瑚礁，五彩斑斓的热带鱼在珊瑚间穿梭，在这里既可以浮潜，也可以深潜。

在恩纳村众多潜点中，最特别的要数真荣田岬，其特殊的礁岩断崖地形是由隆起的珊瑚礁所形成的，整个海域的海水清

❖ 真荣田岬浅滩处

澈见底，热带鱼成群、珊瑚缤纷，而真荣田岬最诱人的潜点是蓝洞。

真荣田岬的蓝洞是一个魔幻的潜点，在阳光折射下，洞窟内布满蓝色的光芒，当地人称之为青之洞，当潜入蓝洞时会感受到梦幻般的光影，随着水波荡漾，让人仿佛潜入了电影《阿凡达》中的迷幻般世界，一切都美得那么不真实。

❖ 万座毛绝壁如象鼻

因为海水冲刷，“象鼻”会越来越细，未来可能会看不到它了。

万座毛中的“万座”的意思就是“万人坐下”，“毛”是冲绳的方言，指杂草丛生的空地，所以“万座毛”意思是“能容纳万人坐下的草原”。万座毛其实很小，环绕一圈走下来也就十几分钟。相传，在冲绳岛的琉球王朝时代，琉球国王尚敬王在去北山巡视的途中经过此地，见此断崖上的平原，就让随从万人坐到上面，因而得名“万座毛”。

万座毛

如果有机会来到真荣田岬，一定要到处转一转，这里就像一块充满了活力的蓝、绿色相间 的

恩纳村是冲绳有名的度假胜地。2000 年时，美国前总统比尔·克林顿、俄罗斯总统弗拉基米尔·普京等都曾前来此地度假。

布底，点缀着各种自然的美景。除了可以潜入蓝洞，享受深蓝或与海洋生物一起遨游的快乐外，还可以去不远处的万座毛。它是一座伸向大海的奇特断崖，在惊涛拍岸中昂首孤立着，曾是香港电影《恋战冲绳》、韩剧《没关系，是爱情啊》等影视剧作品的取景地，人们在这里既可以欣赏壮观的海天一色美景，也可以俯瞰悬崖，感受一下电影中角色的心情。

冲绳人十分热爱舞蹈，而且几乎人人都会跳舞，只要琴声响起，冲绳人必定开始手舞足蹈。

❖ 真荣田岬指示牌

进入真荣田岬人均消费 5000~12 500 日元，深潜才能看到蓝洞深处幻彩的光影。

❖ 万座毛边上的小亭子

伯利兹蓝洞

海　洋　之　眼　的　美　妙

伯利兹蓝洞被蔚蓝色的海水环抱着，蓝洞近似圆，这个“圆”不是人“画”的，而是上帝遗留在人间的“眼睛”，和大部分人的瞳孔不一样，它是那么的深邃、蔚蓝，给人一种说不上来的神秘感！

伯利兹很小，总人口只有30多万人，但有世界上最美丽、最好的潜水地——伯利兹蓝洞。

蓝洞分为两种：陆地蓝洞和海洋蓝洞。世界上著名的蓝洞除了伯利兹蓝洞之外，还有塞班岛蓝洞和卡普里岛蓝洞等。

伯利兹蓝洞形成于冰河时代末期

伯利兹蓝洞距离伯利兹外海约96.5千米，位于大巴哈马浅滩的海底高原边缘的灯塔暗礁处。

巴哈马群岛属石灰质平台，在冰河时代末期，冰川开始融化，导致海平面上升，多孔疏松的石灰质洞顶因海水、重力及地震等很巧合地坍塌，使洞口与海面平齐，形成海中嵌湖的奇特蓝洞现象。

伯利兹蓝洞也被称作洪都拉斯大蓝洞。

❖ 近似圆的伯利兹蓝洞

❖ 伯利兹蓝洞美景

世界十大最好的潜水地之一

1971 年，世界著名的水肺潜水专家雅克·伊夫·库斯托，对伯利兹蓝洞进行了探勘测绘，获知蓝洞洞口的直径为 305 米，是已知的世界最大口径的蓝洞洞口；洞深 123 米，是已发现的全世界第四深的水下洞穴，洞口近乎完美的圆形，仿佛是一个美丽的深蓝色花环。洞内钟乳石群交错复杂，如一根根巨型石笋生长在水下，这些石笋最长的达 12 米。

伯利兹蓝洞因美轮美奂的景色而被雅克·伊夫·库斯托称为世界十大最好的潜水地之一 。如今这个蓝洞是伯利兹堡礁保护系统的一部分，被联合国教科文组织列为世界自然遗产之一。

科学家在伯利兹蓝洞 120 米深的珊瑚礁底部洞穴中提取了一些沉积物样本，并将其与伯利兹内陆地区石灰石岩坑的沉积物样本进行比较研究，发现两种样本年代处于距今 800~1000 年前，当时正是玛雅文明衰落时期。

充满魔力的潜水胜地

伯利兹蓝洞由洞口向下首先是一段垂直而不断冒泡的岩壁，随后岩壁向外扩大，水深 200 多米的海底洞穴神秘幽森，有大量的钟乳石，而且越深处水质越清，地质构造越复杂，水中还有大量个性温和、慵懒、不主动攻击人的鲨鱼，在此潜水时可以与鲨鱼共游。

这样的环境并不适合一般的潜水者探访，但也正是因为充满恐惧和未知，伯利兹蓝洞犹如充满魔力的磁场一般，成为全球最负盛名的潜水胜地之一，吸引着全世界最勇敢的潜水者前仆后继地前来探险，让潜水界的高手颇有“平生不潜此蓝洞，即称高手也枉然”之意。

伯利兹蓝洞作为世界闻名的潜水胜地，每年都有大量的潜水者前来潜水，在这里潜水的人不仅可以享受潜水带来的快乐，还能在潜水时看到大量的珊瑚、海马、梭鱼等。

伯利兹的生活节奏很慢，如同这个牌子提示的一样——慢慢来。

❖ 慢慢来（go slow）

迪安蓝洞

自由潜水的终极目标

深邃的蓝色代表着神秘，迪安蓝洞是一个不折不扣的水底迷宫，它不仅是光线的墓穴，也是生物的坟场，但它却以神秘的外表诱惑了众多潜水者前赴后继地前来探险。

自由潜水是指不携带空气瓶，只通过自身肺活量调节呼吸，屏气尽量往深潜的运动。

巴哈马群岛中的长岛的克拉伦斯镇以西的海湾隐藏着一个美丽的蓝洞——迪安蓝洞，其深度约为 202 米，在我国南海三沙永乐龙洞未探明之前，它曾是世界上第一深的蓝洞，如今则是世界上第二深的蓝洞，这里是潜水爱好者的天堂。

世界上最危险的潜水地之一

迪安蓝洞的洞口近似椭圆形，最大处直径 35 米，最小处直径 25 米，洞口三面环山，被碧绿的植被和白色的沙滩围绕，看上去风景如画，美丽动人。

❖ 迪安蓝洞

迪安蓝洞内的生物不多，洞口的水位不过胸，而且没有风浪，海水清澈，可见度 30 米左右，适合初级潜水者潜水。

迪安蓝洞的大部分区域对潜水者来说是安全的，但是蓝洞内却非常不一般，里面有冰河时代形成的隧道和洞穴，由于缺少水循环，因此缺少氧气，海洋生物无法在蓝洞内生活，潜水员在洞穴内如果没有合适的装备和精湛的技术也很危险。据统计，平均每年都有将近 20 个

❖ 迪安蓝洞

极限潜水高手在此丧命，因此，迪安蓝洞堪称世界上最危险的潜水地之一。然而，由于独特的潜水环境，这里反而成了潜水界的天花板，每年来此挑战潜水深度的人络绎不绝。

❖ 与海龟近距离接触

❖ 迪安蓝洞外部美景

对深度自由潜来说，每一次下潜都是对自我的一种挑战，为此需要心无旁骛，必须克服海水的冰冷、海底的寂静以及来自内心的恐惧，而这一切只为了向自己的极限挑战，更是为了有朝一日可以重新定义极限！

自由潜水是小众运动，所以潜水者们往往并不依赖教练，而是自己制订训练计划。

VB 是每个自由潜水人员的终极目标

自迪安蓝洞被发现以来，美国人吉姆·金最早于 1992 年完成了在这里的全程潜水。从此之后，迪安蓝洞成了潜水界的圣殿，每年都会有来自世界各地的潜水者来此挑战。从 2008 年 4 月起，由著名潜水员威廉·突鲁比利治发起的巴哈马蓝洞深度挑战赛（简称 VB）每年都会在迪安蓝洞举办，其级别等同于网球中的温布尔登网球锦标赛。2010 年 4 月，威廉·突鲁比利治在迪安蓝洞潜至 92 米深处，打破了自由潜水世界纪录，同年他又游至 102 米深处。2017 年 4 月 29 日，中国自由潜选手王奥林以 105 米的深度打破了 VB 纪录。

虽然迪安蓝洞的潜水深度纪录不断被打破，但是距离其底深 202 米还相距甚远，这是全世界自由潜水员都想挑战的终极深度。

❖ 威廉·突鲁比利治

威廉·突鲁比利治身负“最强自由潜水员”之名，他 18 个月大时就开始学习游泳，8 岁时已经可以下潜到 15 米了，曾 18 次打破世界纪录，不依靠任何辅助器械可下潜至 102 米……

达哈卜蓝洞

地　球　上　最　致　命　的　潜　点

达哈卜蓝洞如同大海的“瞳孔”，被称为“潜水家无法拒绝的死亡诱惑”，在潜水界有着“潜水员坟场”的称号，被誉为“地球上最致命的潜点”，然而，此恶名反而激发了世界各地潜水员的征服欲。

达哈卜蓝洞位于埃及西奈半岛东南的沿海度假胜地达哈卜以北的红海海岸。达哈卜蓝洞看上去很平常，但对潜水者来说，这里却是一个充满诱惑的凶险之地。

达哈卜有众多世界著名的潜点

达哈卜曾经只是一个名不见经传的小渔村，后来，凭借沿岸的珊瑚礁和种类繁多的水下物种，这里成为水肺潜水和浮潜者的乐园。

整个达哈卜海岸拥有众多世界著名的潜点，其中最出名的一个潜点就是深达 130 米的达哈卜蓝洞，这是世界上已知海洋蓝洞中第三深的，其深蓝色与美丽的海边景致完全渐变相融。

随着达哈卜蓝洞的热度增加，这里的游客越来越多，使这里的自然生态被严重破坏，为了使人们重视生态保护，这里建立了一座水下世界博物馆，博物馆展示了各种各样的雕塑，这些雕塑大部分是由海底垃圾制作而成的。水下世界博物馆既能提示到访的游客，又成了当地水下一处有名的潜点。

据达哈卜当地传说，这个蓝洞被当地一个小女孩所诅咒，小女孩因抗拒被家人安排的婚姻而选择跳入这个蓝洞溺死了。

❖ 达哈卜蓝洞附近美景

❖ 达哈卜蓝洞

达哈卜蓝洞的沙滩是晒日光浴的绝佳之地，海中则是景色别致的潜点和冲浪地；海岸边有各种潜水服务商店、丰富的纪念品商店，餐厅、咖啡店等应有尽有，吸引了来自世界各地喜好大自然、追求刺激的游客，在环抱达哈卜蓝洞的海岸、海滩、海洋中尽情地享受美好时光。

看似非常安全的达哈卜蓝洞

❖ 通往达哈卜蓝洞的路

达哈卜蓝洞紧邻海岸和海滩，四周有漩涡，而且海浪翻滚，而蓝洞处却是寂静无波的水域，看似非常安全，但它却被称为全世界最危险的潜水胜地。

达哈卜蓝洞吸引了全世界最勇敢的潜水者，许多人因为危险而慕名而来，只想一探水中“第一深渊”的真相。

❖ 达哈卜蓝洞的死亡拱门

达哈卜蓝洞与世界各地的蓝洞并无太大区别，光线摄入后被海水反射成幽蓝色的光影，略带魔幻味道。由蓝洞壁下潜至 7 米处有一个被称为“马鞍”的横向洞穴，进入洞穴后一直斜着向下经过几十米长的通道，就可以到达被称为“死亡拱门”的通道底部，这里水深 52 米，通过“死亡拱门”陡然向上，可直接到达蓝洞外的红海开阔水域的出海口一侧。

❖ 进入达哈卜蓝洞的“马鞍”后

充满魔力的“死亡拱门”

达哈卜蓝洞的四周以及浅水处都非常适合初学者潜水，但总是有人经不住诱惑想挑战蓝洞中的“死亡拱门”。当潜水者下潜进入“马鞍”后，就等于开始了与死亡的搏斗，因为“死亡拱门”处水深 52 米，超过了休闲潜水最大深度 40 米的极限，这个深度氧气稀薄，对潜水者的体能影响非常巨大，许多潜水员因体力耗尽而在这里失去生命。

❖ 达哈卜蓝洞边为纪念遇难潜水者所立的墓碑

埃及潜水和水上运动委员会（CDWS）特聘一名警察驻扎在达哈卜蓝洞边，以确保潜水员与一名具备资质的潜导一同潜水，遵循安全程序。

据当地潜导介绍，在过去的10年中，至少有150~200名潜水员在此丧生，在达哈卜蓝洞边的海岸边有许多人们为纪念遇难潜水者所立的墓碑。

达哈卜蓝洞及其周围地区有丰富的珊瑚和岩礁鱼类，使之成为自由潜水的热门潜点，几乎每天都有休闲潜水者和技术潜水者在达哈卜蓝洞潜水。在达哈卜蓝洞潜水，如果能经受住“死亡拱门”的诱惑并谨记禁令，那么就不会有太大的危险。

达哈卜蓝洞最著名的事件，莫过于俄罗斯潜水爱好者尤里·利普斯基在经过“死亡拱门”时，头盔上的摄像机记录了他的最后时刻。这段视频在网上很短的时间内便被观看了近1000万次，也因此使他在潜水界家喻户晓。

❖ 达哈卜蓝洞边为纪念遇难潜水者所立的墓碑——局部

塞班岛蓝洞

塞 班 岛 上 第 一 潜 点

塞班岛蓝洞有猫眼宝石一样的深蓝色彩，这个梦幻般的地方是塞班岛美景的代表，难怪有人感叹："没有游过蓝洞，枉到塞班岛！"与塞班岛众多优质潜点相比，塞班岛蓝洞被潜水者誉为"岛上第一潜点"。

塞班岛蓝洞是到塞班岛旅游时必到的一个景点，它位于塞班岛的东北角，是塞班岛最著名、难度最高的潜点。

塞班岛蓝洞

塞班岛有"西太平洋明珠"的美誉，它是西北太平洋北马里亚纳群岛中的一座岛屿。

在亿万年前，塞班岛上的一个火山口，经地壳运动被珊瑚礁岩和石灰岩覆盖，形成了富有变化的地形，再经过海水长期侵蚀、石灰岩崩塌，形成一个水深达到 17 米的深洞，当光线从外海透过水道折射进深洞，就会透出淡蓝色的光泽。光线投射在岩石上形成的阴影吸引了很多的鱼群，洞内的海底世界比陆地还要精彩，这便是塞班岛蓝洞。

塞班岛蓝洞受到海潮影响，有时洞内的水平静无波，有时又波涛起伏，所以在洞内游泳、潜水要特别小心。

在塞班岛蓝洞深潜（潜水 30 米深），至少要拥有 PADI OW 和 AOW 或其他潜水机构同级别以上的证书。

塞班岛蓝洞底部的台阶非常陡峭且湿滑，建议穿防滑凉鞋，一定要拉住路边的栏杆或绳子。

如果在日出前去塞班岛蓝洞潜水，就能在蓝洞内碰到各种各样的海龟、鲨鱼以及金枪鱼。

❖ 通往塞班岛蓝洞

❖ 塞班岛蓝洞

❖ 塞班岛蓝洞内部

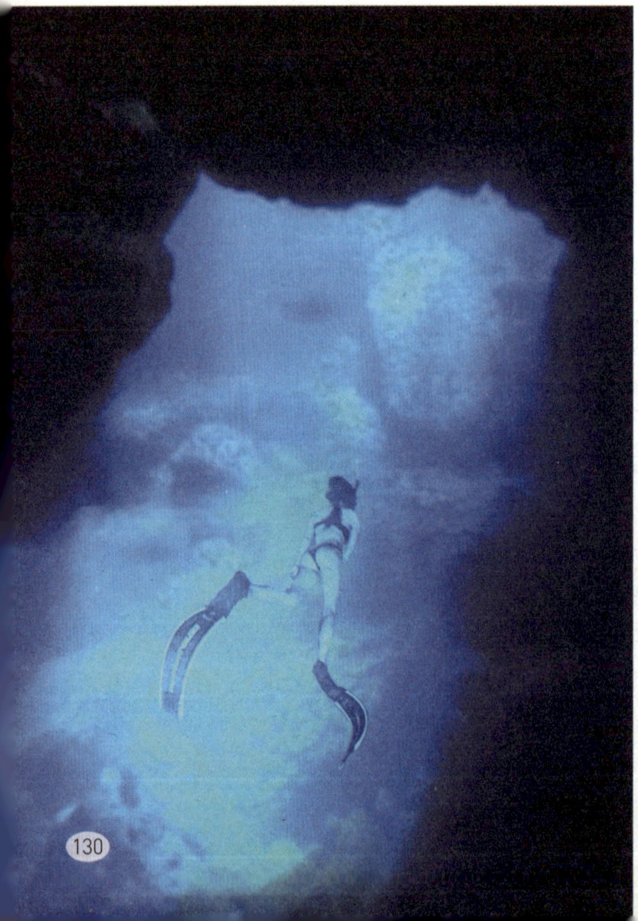

在塞班岛蓝洞休闲潜水时，一般不建议进行超过 40 米的深潜。

潜水胜地

从外部来看，塞班岛蓝洞犹如海豚张开的大嘴，沿着洞口的悬崖向下进入洞穴后，内部是一个巨大的天然钟乳石洞，它的球状顶壁甚至可以容纳一座教堂，据说钟乳石洞内还保留有古代壁画。

从洞穴再向下就是水面，表面看上去波涛汹涌，下潜之后却很平静。在水下还有 3 个海底通道连接外海，与外海相连的水道被照射进来的光线渲染，泛着幽幽的淡蓝色。

❖ 塞班岛蓝洞入口处

对潜水者来说，在塞班岛蓝洞潜水不仅是一种享受，还是一种对未知的挑战，很多明星都喜欢在这里潜水，这里也被《潜水人》杂志评为世界第二的洞穴潜点。

塞班岛是西北太平洋北马里亚纳群岛中的一座岛屿，有“西太平洋明珠”的美誉，岛屿长23千米，宽8千米，四面环海，它西临菲律宾，东临太平洋，由于靠近赤道，这里一年四季都风景秀丽，气候宜人。

塞班岛是西北太平洋北马里亚纳群岛的第一大岛，最高点塔波乔山海拔466米。早在公元前约2000年，查莫罗人就居住在这里，并过着与世隔绝的生活。1521年，著名航海家麦哲伦进行环球航行后，塞班岛才被世人所认识。1565年，被西班牙殖民者占有，并于1668年用西班牙国王腓力四世的王后马里亚纳的名字将群岛改名为“马里亚纳”。

之后塞班岛和关岛一样，在列强手上几经易手，第二次世界大战时期，日本军队和美国军队为争夺该岛展开了激烈的战斗，日本战败后，塞班岛成为美国领地。

❖ 塞班岛蓝洞通往大海的出口

自杀崖

充满危险的潜点

饱含历史的自杀崖海域有复杂险峻的海底地形、珊瑚群聚的壮丽风景、五光十色的热带水族和幽蓝梦幻的水下光影，神秘而多彩，诱惑着潜水者来此冒险。

❖ 聚光洞

聚光洞洞顶有个很小的窗口，外面的光线射入洞内，如同舞台上的聚光灯一样直射洞底。几乎每个到访这里的潜水者都会游到这道光柱中，让光柱从头顶经过全身，非常奇妙。

自杀崖是位于塞班岛北部的一个峭壁，因第二次世界大战时日本战败后大量的士兵在此自杀而得名，如今崖顶成了旅游景点，崖底是陡直的峭壁地形，不远处的聚光洞是塞班岛有名的潜点，潜水难度相对比较大，所以这里仅适合资深潜水者。

资深潜水者的潜点

塞班岛分布着众多的历史遗迹，以第二次世界大战时期的历史遗迹居多，如日军最后的司令部遗址、日军悬崖火药库的遗址、自杀崖和万岁崖等，都是历史爱好者不可不去的地方。其中，自杀崖和万岁崖不仅是历史遗址，更是潜水胜地。每当夏季到来，来自世界各地的潜水者就会在此地聚集。

万岁崖、自杀崖

1944 年，美军开始攻击马里亚纳群岛上的日军基地，并在塞班岛抢滩成功，日军撤退到塞班岛北端，美军以 7 万人的兵

❖ 塞班岛战役

❖ 自杀崖附近澎湃的海水

每年的5—7月是自杀崖最佳的潜水时间。不过，即便是这个时期，如果遇到风浪巨大时，也是不能潜水的。

力包围了日本海军司令部，日本海军司令南云忠一拒绝成为美军的战俘，命令士兵逼迫军属高呼着“万岁”跳下附近的一座山崖自杀，因此该地得名“万岁崖”。

第二天，上千日本人从万岁崖不远处250米高的另一座山崖上跳下，南云忠一也切腹自尽，此处得名“自杀崖”。

聚光洞潜点

聚光洞在自杀崖崖底不远处，因当阳光通过洞穴顶部的一个小洞射进洞穴时，光线直射海底，就好像在洞穴里安装了聚光灯一样而得名。

聚光洞海域有塞班岛最好的海底世界，有美丽的海葵、珊瑚，以及众多的鱼类，甚至在此还能看到大型海洋生物，如鲨鱼、海豚等。因此，它是一个被潜水者大力推崇的潜点。

聚光洞很小，这里的潜水方式属于洞潜，洞内水深约 10 米处另有洞与海水贯通，这里和自杀崖、万岁崖水域一样，只有资深潜水者才能潜水（必须 AOW 以上），是到达自杀崖和万岁崖的潜水者的必潜地点之一。

为了安全，进入聚光洞这个通道需要加带一个氧气瓶。

❖ 聚光洞潜水

马耳他蓝洞

颜　色　更　绿　更　好　看

马耳他蓝洞是一个看一眼就会被诱惑的地方，这里的蓝色与其他各地的蓝色不一样，这里的蓝色中带着绿色，其原因是蓝洞四壁黄色的岩石，在阳光的作用下反射在水中，折射成了绿色，尤其是光线比较好的时候，颜色更绿、更好看。

❖ 马耳他蓝洞

2004 年好莱坞大片《特洛伊》曾在马耳他蓝洞取景。

❖ 马耳他蓝洞沿岸

❖ 马耳他“三蓝”之一——蓝洞

马耳他蓝洞的标志性景观是在海水侵蚀作用下形成的巨大石灰岩空洞。

❖《权力的游戏》中的蓝窗

❖ 马耳他蓝湖上的小蓝洞

马耳他是地中海中心的一个小国，位于欧洲南部，有“地中海心脏”之称，这里是闻名世界的旅游胜地，被誉为“欧洲的乡村”。

海洋庇护着马耳他，也给了它 3 件礼物：蓝洞、蓝窗和蓝湖。马耳他蓝洞是马耳他的“三蓝”之一，位于马耳他西南部，从马耳他首都瓦莱塔自驾或者乘坐公共交通前往，车程大约 1 小时就能到达，与马耳他的其他景点相比，这里算是一个比较偏僻的地方。

马耳他蓝洞位于一个壮观的石灰岩拱洞中，外貌同桂林象鼻山类似，同样是由于千百年来的海浪冲击侵蚀而逐渐形成的，在这座悬崖之间有一个水中洞穴，这便是马耳他蓝洞。

蓝窗位于马耳他第二大岛戈佐岛西北角，是因两块石灰岩崩塌后形成的天然大拱门，矗立在地中海之上，就像是上帝的窗台一样。当太阳落下山去的那一刻，透过蓝窗看着海天相接之处，美不胜收。马耳他蓝窗在大海中存在了上千年的时间，可是在 2017 年，由于连日来的大风引起巨浪冲刷，导致蓝窗坍塌，这一景点永远地消失了。

马耳他蓝洞的深度为 60 米，因特殊的地形结构，其底部形成了很多岩洞，而且洞洞相连，盘根交错，形成了美不胜收的美景，由于洞穴内的光线折射在水面上形成鲜亮的蓝色而得名。

马耳他蓝洞是马耳他最著名的潜点之一，潜水者既可以由海岸直接走进蓝洞，也可以乘坐小船进入洞穴，沿途欣赏钟乳石和碧蓝的海水，然后再翻身入水，当然也可以找一块水边岩石直接一跃而下，潜入马耳他蓝洞一探其中的秘密。

❖ 马耳他蓝湖

马耳他蓝湖就是蓝色潟湖，位于科米诺岛与科米诺托岛（与其相邻的小岛）之间。蓝色潟湖将海湾与海洋分隔，形成了靛青色的海水，清澈见底，这是大自然的杰作，也是马耳他除了蓝洞之外最适合水上运动的地方之一。

蓝色潟湖的面积并不是很大，但是有白色的沙滩、蓝色的海水、丰富的海洋生物，与周围的怪石、溶洞融为一体，每天都有大量的游客和游船光顾。这里也是许多欧美电影的热门取景地点，如《特洛伊》《基督山伯爵》等都曾在此取景。

❖ 马耳他“三蓝”之一——蓝窗

霍夫曼礁岛蓝洞

密　林　深　处　的　蓝　洞

霍夫曼礁岛蓝洞仿佛是一只洞察过神秘的过去、窥见过遥远的未来的蓝色大眼睛，它虽地处偏僻，但总有潜水者会受到它的感召，不远万里来到这里一跃而下，潜入蓝洞深处，希望能触碰到它最深的秘密。

贝里群岛又称浆果群岛，由30座岛屿和100多个珊瑚礁组成，大部分都无人居住。

霍夫曼礁岛蓝洞和其他大部分蓝洞一样，里面很少有生物，据说里面最常见的生物是牡蛎和一些叫不出名的微生物，但据当地的导游介绍，曾有人在这个蓝洞中看到有海龟在畅游。

霍夫曼礁岛是一座不被重视的小岛，它位于北美洲的巴哈马首府拿骚东北约35千米处的贝里群岛中。

霍夫曼礁岛是一座无人居住的小岛，它犹如诗人笔下的桃源秘境，密林繁茂，曲径通幽，整座岛礁被沙滩环抱，沙滩又被湛蓝的大西洋海水环抱，与世隔绝，原始而朴素。

霍夫曼礁岛海域有很多种鱼类，如旗鱼、石斑鱼、金枪鱼、虎头鱼、黄尾鲷鱼、海龟、鲨鱼以及其他各种热带鱼类。因此，这里成了浮潜、划艇的绝佳去处。

沿着霍夫曼礁岛海滩往密林深处徒步跋涉5~10分钟，可以到达贝里群岛中最有名的潜点——霍夫曼礁岛蓝洞，它是一处被6、7米高的悬崖环绕成的水面，悬崖上还遍布着各种洞穴、石笋、钟乳石以及石柱等。

霍夫曼礁岛蓝洞像极了一只巨大的眼睛盯着苍天，几乎每个到达这里的潜水者，都有想直接从崖顶一跃而下、潜入蓝色深渊的冲动。这个蓝洞并不太深，但是壮观美丽，景色足以秒杀世界上的大部分蓝洞。

❖ 霍夫曼礁岛蓝洞

蓝眼睛

潜　水　者　探　秘　的　地　方

萨尔岛蓝眼睛是一个连通大海的陆地洞穴，当你凝望洞穴的时候，洞穴中仿佛同样有一只眼睛凝望着你，这种感觉让人如同被施了魔法，无法逃离，不得不跃入深渊之中。

萨尔岛位于西非佛得角东北端，其面积为 216 平方千米，是佛得角最平坦的岛屿，这里全年气温很少低于25℃，降雨量更是少得可怜。这里因美丽的海滩和深邃的蓝眼睛而闻名。

在佛得角，最便宜的食物就是当地葡萄牙风味的美食，如佛得角的国菜“Cachupa”，它是由豆类、玉米、红薯、猪肉、香肠、鱼类慢炖而成。这里的海鲜种类丰富，喜欢它的朋友不可错过。

海水浮力很大

在葡萄牙语中，萨尔岛被称为“Ilha do Sal”，其中“Sal”的意思是“盐”，所以萨尔岛也称为盐之岛。这里有佛得角最美的海滩——圣玛利亚海滩，它绵延 8 千米，沉浸于蔚蓝色的海洋之中。这里的海水盐度很高，所以海

❖ 圣玛利亚海滩

❖ 萨尔岛上的教堂

❖ 萨尔岛的盐田

萨尔岛的盐场很有名，从19世纪开始，这里的盐就出口到巴西和非洲大陆等地。

水浮力也很大，不管会不会游泳，只要下水躺着或者趴在水面上，稍微划几下就不会沉下去。

彩虹色的“蓝眼睛”

萨尔岛除了海滩和美丽的珊瑚礁之外，最让人难以忘怀的就是岛上奇妙的蓝洞——“蓝眼睛”。

“蓝眼睛”位于萨尔岛的帕尔梅拉港口以北约5千米处，它虽然是一个陆地洞穴，却有一个连接大海的地下洞。站在洞外朝内望，由海水反射而形成的各种幽幽的蓝色，如同一只蓝色大眼睛注视着探视洞穴的人，因而得名“蓝眼睛”。

低潮期，洞内的水位很低，洞口附近很危险。

❖ 深邃的“蓝眼睛”

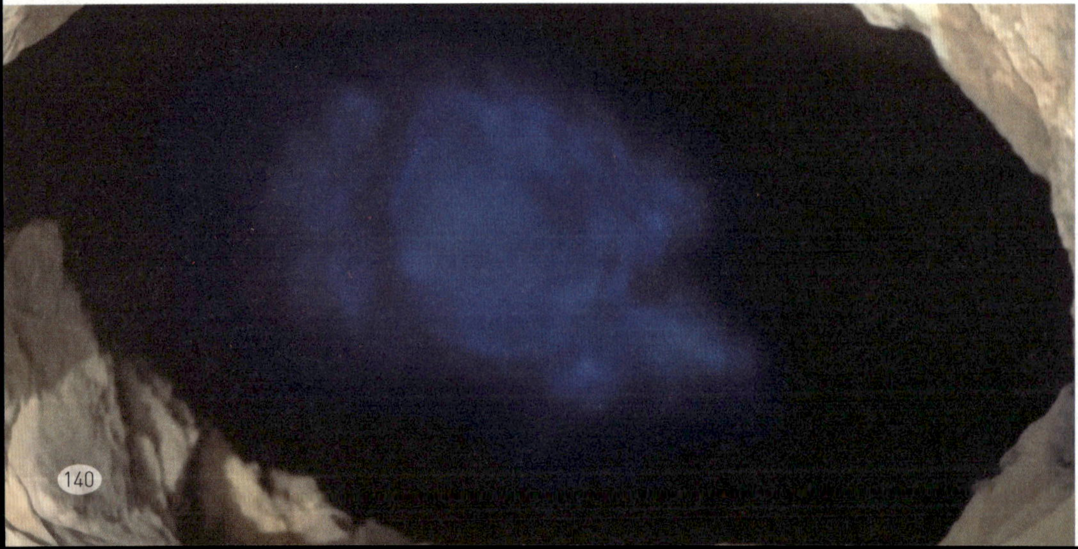

❖ 大海连着的火山口

“蓝眼睛”附近还有一个和大海连着的火山口，海水倒灌进去，拍打崖壁，激起雪白的浪花，很壮观。

“蓝眼睛”并不大，但它却是潜水者探秘的好地方，只需穿上水肺装备，就可潜入洞穴之中一探究竟。

萨尔岛的魅力并不限于圣玛利亚海滩和“蓝眼睛”，附近还有很多水下洞穴和海底沉船可供人探秘。

萨尔岛的居民幸福指数很高，生活节奏很慢，远离城市的喧嚣，晒太阳、钓鱼、游泳、潜水、冲浪是这里的日常生活。

❖ 佛得角最美的白沙滩

三沙永乐龙洞

刷新世界纪录的蓝洞

从海面上看，三沙永乐龙洞呈现与周边水域不同的深蓝色，它被科学家誉为“地球给人类保留宇宙秘密的最后遗产”，其深入海中的昏暗、神秘的深蓝色调，时刻诱惑着潜水者来此探索。

目前，三沙永乐龙洞未向普通的潜水员开放，如果想要潜水，需要申请并通过审批后才可以下潜。

三沙永乐龙洞又名海南蓝洞、南海之眼，这里是资深潜水者心中的绝佳潜点。

深不见底的蓝洞

三沙永乐龙洞是一个垂直的洞穴，它是一个由于海底突然下沉而形成的巨大海底深洞，深度达 300.89 米，是全世界最深的蓝洞。三沙永乐龙洞的洞口像一只大碗，直径为 130 米，蓝洞呈缓坡漏斗状，下降至 20 米水深处，内径缩小到 60 多米，海水深不见底。

世界上已探明的海洋蓝洞深度排名为：巴哈马长岛迪安蓝洞（202 米）、埃及达哈卜蓝洞（130 米）、洪都拉斯伯利兹蓝洞（123 米）、马耳他蓝洞（60 米），三沙永乐龙洞的深度大幅度刷新了世界海洋蓝洞纪录。

有人说三沙永乐龙洞是美人鱼的家，还有人说这里是外星人的基地入口。也正是因为众多的传说，更让它成了传奇，吸引着国内外的资深潜水者来此潜水探秘。

地球给人类保留宇宙秘密的最后遗产

三沙永乐龙洞是地球上最罕见的自然地理现象之一，由于缺少水循环和氧气，海洋生物很难在里面存活。不过深潜爱好者（需要有专门的资质才能在此潜水）在这里发现了大量的珊瑚礁碎綮状沉积物；科学家们利用潜水机器人，在洞底发现了蓝洞深处的原始生态，有珊瑚和小鱼，还有许多生物的残骸和远古化石。因此，三沙永乐龙洞被科学家誉为“地球给人类保留宇宙秘密的最后遗产”。

❖ 三沙永乐龙洞

帕劳蓝洞

帕 劳 AOW 级 的 潜 水 地

帕劳蓝洞中的海水平静得几乎让潜水者感受不到任何的水流存在，仿佛只剩下蓝光与小心翼翼的鱼，使人如同置身于寂静的外星球。

帕劳蓝洞是帕劳岩岛群西南侧一处水中的多空洞礁岩，这种独特的海底礁岩构造是经过数百万年海水侵蚀而形成的，它是帕劳不可错过的潜点之一。

OW（OPEN WATER DIVER）是指开放水域初级潜水员。AOW（ADVANCED OPEN WATER DIVER）是指开放水域进阶潜水员，是 OW 的进阶级。

AOW 级的潜水地

沿着帕劳蓝角水下 25 米深的礁石壁向东潜游 20~25 分钟，即可到达帕劳蓝洞（潜水者往往会将蓝角和蓝洞安排到同一行程中）。

❖ 帕劳蓝洞

帕劳蓝洞是一个宽敞的海底洞穴，是一处 AOW 级的潜水地，在海平面之下 3 米处，由 4 个直径约 10 米的垂直孔洞通入蓝洞，洞穴深度为 35 米，光线从 4 个洞射入并反射成蓝光，使洞内显得神秘而美丽。

帕劳蓝洞的主要出入口在水底 20 米处，是一条横向的岩礁通道，通道的四壁长着许多形状各异、色彩缤纷的柳珊瑚，经过这个通道可直接进入深不见底的蓝洞中心，在黑漆深渊般的蓝洞中，可以隐约感受到冷冷的光亮，那是阳光通过孔洞，再经过海水的颜色过滤与折射散发出的湛蓝的光，各种鱼群在蓝光中穿行，形成神秘而美丽的景象。

黑暗圣殿

在帕劳蓝洞中借助神秘的蓝光慢慢下潜，在接近底端 25 米深处有一个神秘的小洞窟，它被称作“黑暗圣殿”，也被称作厄运神庙，这是帕劳蓝洞中的著名景点。但是想要进入黑暗圣殿却并不容易，而且极具挑战性，只有经过训练合格的潜水员，配备专业设备才能进入黑暗圣殿。

❖ 黑暗圣殿入口

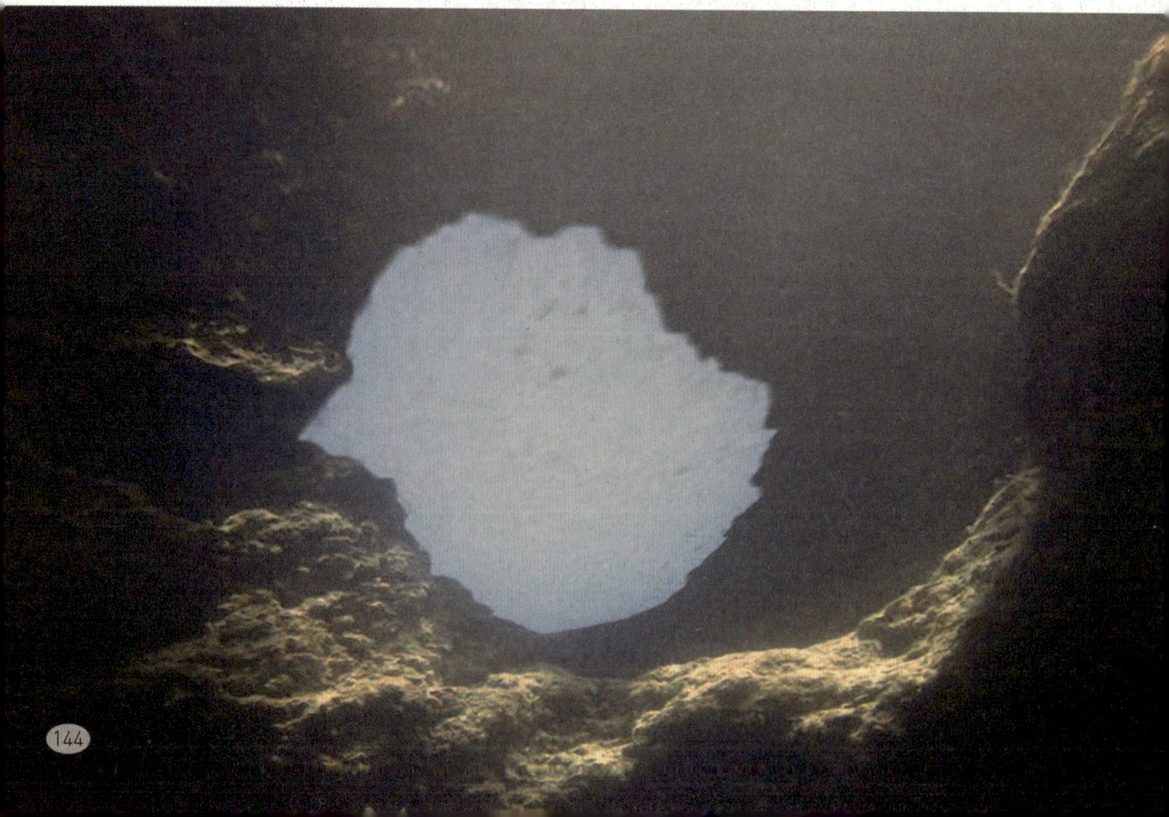

❖ 帕劳海底的生物

黑暗圣殿内几乎没有光线，微弱的蓝光根本无法折射进洞穴，潜水者只有借助水下灯具，通过一个很小的洞口才能真正进入黑暗圣殿，依靠灯光照射，可以看到洞穴内有很多海洋生物的尸骨，其中还有一具很大的乌龟骨架。洞穴内一片死寂，这给它增加了不少神秘感，或许这就是黑暗圣殿这个名字的来历吧。

黑暗圣殿是一个极具挑战性的潜点，潜水者应根据自身的潜水能力斟酌是否探索。

帕劳蓝洞内充满神奇的蓝光，蓝色调会随着光线强弱变成浅蓝色、湛蓝色、深蓝色或者奇幻的蓝色，洞穴内几乎每一处都有不一样的蓝色，如此绝妙的水下神秘洞穴，吸引着世界各地的潜水爱好者、摄影爱好者来此寻找心中的那份“蓝”。

帕劳被美国《国家地理》杂志评为“人生必去的50个地方”之一，它是冒险家的乐园，尤其适合热衷海上活动和探索海底奥秘的人作为旅行目的地。

卡普里岛蓝洞

世　界　七　大　奇　景　之　一

卡普里岛蓝洞被誉为“世界七大奇景”之一，是世界上最吸引人的潜点之一，岛上关于塞壬女妖的故事又使它增添了几许神秘、妖异和美丽，诱惑着世界各地的游客纷纷来此一潜，探索蓝洞也成了卡普里岛最热门的潜水项目。

参观卡普里岛蓝洞的条件：天气晴朗、退潮的时候、没有风浪。

岩石倒“V”字形处就是卡普里岛蓝洞入口，洞口其貌不扬，只是一个极细小的洞穴，海浪不大时，入口仅1米，海浪较大时，洞口被淹没，无法入内。

❖ 卡普里岛蓝洞

卡普里岛蓝洞是潜水者最爱光顾的潜点之一，它位于意大利那不勒斯湾南部入海口附近的卡普里岛。

岩石岛

卡普里岛属于石灰质地形，岩石峭立，易受海水侵蚀，所以岩石间形成了许多奇特的岩洞。

卡普里岛的中间地势较低，四周环山，并且临海的一侧多为绝壁。据说，在远古时代，卡普里岛本来与大陆相连，后来由于陆地沉沦，被海水淹没。再后来，非洲大陆与欧洲大陆断裂，地中海中的海水流入大西洋，使地中海水位下降，才露出了这座岩石岛。

❖ 卡普里岛美景

女妖岛

卡普里岛上有众多奇特的岩石和洞穴，使这里蒙上了许多神秘感，相传这里曾居住着塞壬女妖——塞壬三姐妹。每当有船只经过这片海域，她们就会放声高唱魔歌，迷惑水手，使水手们毫无所觉地撞上礁石，最后船毁人亡。除了希腊神话中足智多谋的奥德修斯未被塞壬三姐妹迷惑之外，过往的水手无一能幸免。

卡普里岛蓝洞

塞壬女妖的故事给卡普里岛众多岩洞增添了几许神秘感，位于卡普里岛北部的卡普里岛蓝洞则是岛上众多洞穴中最幽深、最神秘的一个。

卡普里岛蓝洞是一个较大的呈完美环状的海洋深洞，它的洞口很小，只能乘坐小船进入，洞内直径为 0.4 千米，洞深 145 米，由于洞口的特殊结构（洞很深），使洞内呈现深蓝色的景象，当阳光从洞口射入洞内，再从洞内水底反射上来，晶蓝色的波光闪烁，看上去神秘莫测，如同仙境一般。光源在洞内经过洞壁、海水的多次折射后，辉映出幽幽的蓝色，就连洞内的岩石也成了蓝色，诱惑着世界各地的潜水爱好者到此一睹为快。

❖ 卡普里岛的屋大维雕像

公元 14 年，屋大维驾崩，提比略继承由他缔造的帝国，成为罗马帝国第二位皇帝，最后以 79 岁的高龄病死在卡普里岛。

❖ 提比略

小皮皮岛海盗洞

神秘、古老而宁静的潜点

海盗洞是一个天然洞穴，曾经是海盗们选择的法外之地。这里是一个深受阳光眷宠的地方，有宁静的海水、隔世的海湾、未受污染的自然风貌，近年来成为炙手可热的潜水、探险的秘境之一。

海盗洞位于泰国普吉岛东南约 20 千米处的小皮皮岛上，小皮皮岛的面积约为 6.6 平方千米，整座小岛除了峭壁耸立之外，只有几个巨大的石灰岩洞穴，很少有沙滩。

海盗洞

小皮皮岛的海岸线上有众多的石灰岩洞穴，其中有一个巨大的石灰岩洞穴的洞壁上的史前人类、大象、船只等壁画被完整保存。据传，这里曾经是安达曼海盗的窝点，所以被称为“海盗洞”或者“维京洞”。又因为洞内栖息着很多海燕，盛产燕窝，所以也被称为“燕窝洞”。

❖ 海盗洞入口

❖ 海盗洞

海盗洞周围的海水纯净，海底世界多姿多彩，隐约可见绚丽的珊瑚礁岩，因为交通不便，是一个几乎可以私人独享的潜点。

隔世的玛雅湾

海盗洞西南不远处有小皮皮岛上少有的沙滩，这是一处被三面峭壁环抱，只有一个狭窄出海口的绝美海湾——玛雅湾。

❖ 只有一个出海口的玛雅湾

❖ 电影《海滩》取景地

这里的海水碧蓝，岸边点缀着精巧的椰树，有一种典型的热带海岛的气息，适合观景和潜水。

玛雅湾不大，却有令人惊喜的白沙滩和清澈的海水，水底有各种色泽的小鱼，红的、黑的、黄的等，这里是小皮皮岛最出色的潜点，浮潜、深潜都很棒。这里也是莱昂纳多·迪卡普里奥主演的电影《海滩》的取景地之一，这处原本不为人知的秘境也因此名声大噪。

小皮皮岛至今仍是一座无人岛，正是因为如此，海洋生物保护得非常好，这也使海盗洞更显得神秘、宁静，给人一种与世隔绝的感觉。

❖ 小皮皮岛美景

鳕鱼洞

全世界最著名的潜点之一

鳕鱼洞位于险峻的蜥蜴岛上，是一个美得让人窒息、令人惊叹不已的地方，也是一处令人无法拒绝的潜水胜地。

❖ 库克船长

库克船长（1728—1779年）是英国皇家海军军官、航海家、探险家和制图师，他曾经三度奉命出海前往太平洋，带领船员成为首批登陆澳大利亚东海岸和夏威夷群岛的欧洲人，也创下首次有欧洲船只环绕新西兰航行的纪录。

鳕鱼洞位于著名的世界自然遗产大堡礁最北端的蜥蜴岛上，是一处能让人远离都市生活的紧张和喧嚣，感受到与世隔绝的宁静的潜水秘境。

险峻之美的岛屿

蜥蜴岛是蔚蓝色大海中的一座具有险峻之美的岛屿，是一个风景如画的度假胜地。它距离澳大利亚大陆最北端的约克角半岛上最大的库克镇的直线距离约为90千米。

蜥蜴岛海岸线上有直接通往岛屿最高山顶的道路，沿着道路可以直达1770年库克船长登岛时远眺的山峰，山峰上建有库克瞭望台，可以站在库克瞭望台俯瞰全岛和大海。

1770年6月11日，库克船长穿越大堡礁时，来到这片珊瑚礁林立、如同迷宫一般的海域，他的船只因撞礁而搁浅，差一点儿就沉没了。库克船长爬上了最近的一座岛屿的最高峰（360米的山顶），远眺这片礁石林立的海域才找到了航行路线。库克船长在这座岛上只看到了一种动物，那就是蜥蜴，于是将此岛命名为蜥蜴岛。库克船长和他的船员们也是第一批登上这座岛屿的非原住民。

❖ 鸟瞰蜥蜴岛

❖ 海底的大鱼

库克瞭望台的正前方是一个蓝色潟湖，它是一个隐世的潜水之地。此外，蜥蜴岛狭长曲折的海岸线上还分散着 23 个令人惊叹的白沙滩和一些小型的岩石岸海滩，在这长长的海岸线上有许多绝好的潜点。

蜥蜴岛度假村是澳大利亚最昂贵、私密性最强的岛屿度假区，其价格比汉密尔顿岛、海曼岛等的都更高。

完美的潜水胜地

鳕鱼洞是蜥蜴岛、大堡礁乃至全世界最著名的潜水地点之一。鳕鱼洞是蜥蜴岛上众多海中洞穴中的一个，因为洞穴所在的海域生活着一种友善、温顺的巨型土豆鳕鱼而得名。

潜水者在鳕鱼洞海域潜水时，常可邂逅重达 150 千克的土豆鳕鱼，甚至可以轻轻地抚摸它们，而不会遭到攻击，这种潜水享受是其他地方无法获得的。

此外，鳕鱼洞中还有各种成群结队的海洋生物，如毛利濑鱼、红鲈等，以及普通的珊瑚物种、海葵、白鳍鲨、巨蛤、多鳞霞蝶鱼、所罗门甜唇、羽毛海星等。这里的每一种海洋生物都是潜水者在此潜水的动力。

蜥蜴岛因鳕鱼洞而闻名世界，它是隐藏在世界上最美海域中的热带世外桃源，这里遍布浪漫的海滩、清澈碧蓝的海水和含情脉脉的海风，美得让人仿若置身梦中！

蜥蜴岛是世界上有名的浮潜胜地，沙滩被珊瑚群所环绕，在这里不但可以看到色彩斑斓的珊瑚、慢悠悠仿佛不知忧愁的海龟，还能看到长在海底的“圣诞树”，它们其实是海底蠕虫的“冠”，那螺旋结构是它们的触须。

❖ 海底“圣诞树”

四王岛

潜 水 员 最 后 的 天 堂

四王岛由于地理位置偏远，地广人稀，就连当地政府都没想到它会成为人们趋之若鹜的海岛旅游目的地，如今更因被冠以“潜水新贵”而享誉世界。

四王岛又被称作四国群岛，四王岛只是本地居民的称呼，印度尼西亚官方将其称为拉贾安帕特群岛。它被海洋学家誉为“世界的尽头”，欧洲潜水协会则称之为“潜水员最后的天堂”。

四王岛传说

相传，古时候这片海域有一个恶毒的海怪，常施魔法将出海的渔船掀翻，而一位善良美丽的渔家女却因经常救助溺水的渔民而惹怒了海怪。

海怪将 7 种恶念化为 7 枚石蛋，撒落在渔家女常经过的海滩上。渔家女看到石蛋后，非常喜欢，于是拾回家中，用

这些水上屋曾是当地原住民的居所，如今很多都成了旅店。

❖ 当地原住民的水上屋

❖ 四王群岛美景

在巴丹塔岛西边的杰夫·范姆潜点不仅有很多浅而碧绿的水湾，还有潟湖、峭壁和岩洞，它们一起组成四王岛绝佳的硬珊瑚潜点。

善念感化了4枚石蛋，孵化出4位王子守护着渔家女。而另外3枚石蛋则成了海怪的帮凶，欲加害渔家女，4位王子得知消息后奋力与这3枚石蛋搏斗，最终同归于尽，4位王子死后化成了四王岛，分别是卫吉、巴丹塔、萨拉瓦蒂和米苏尔，而另外3枚石蛋则被王子们击碎，洒落在周围，成为四土岛周围众多小岛的一部分。

四土岛红树林旁边的水下有一颗废弃的巨型鱼雷。

❖ 水下的巨型鱼雷

❖ 水下的巨型珊瑚

❖ 色彩斑斓的四王岛海底世界

偏僻到无人问津的四王岛

四王岛位于印度尼西亚东北海域，与雅加达有两个时区的差异，正因为位置偏僻，历史上四王岛鲜有人问津。15—16世纪，葡萄牙、西班牙、英国和荷兰殖民者先后入侵并殖民了印度尼西亚，却没有派兵占领四王岛，就连第二次世界大战期间占领印度尼西亚全境的日本，也只是象征性地在四王岛上驻扎了一支由18人组成的小分队，可见，日本人是多么的不重视四王岛。至今，四王岛依旧保持着世外桃源般的原始风貌，其周围的大多数小岛仍然无人居住。

❖ 四王岛潜水中心

新潜水胜地：四王岛

四王岛因偏僻、人少的环境，得以保留了完整的生态环境。据权威数据显示，四王岛海域的海水清澈，拥有地球上最丰富的海洋生物，共有珊瑚537种，位列世界之最；鱼类1300多种、软体动物699种；更令人惊讶的是，怪异和罕见的水下生物随处可见，仅过去几年在这里就发现了许多新物种。

因此，前来记录物种并收集海洋生物标本的荷兰籍科学家麦斯来到四王岛后兴奋地说：这里简直就是个海洋“天堂”。

四王岛海域的海水能见度最高可达35米，水下除了各种生物、峭壁和洞穴外，还有第二次世界大战时期的几艘沉船等，被潜水客们称为奇迹之海，是世界上为数不多的骨灰级潜水圣殿！

四王岛水域广阔，潜点众多，分布较广，大部分潜点的深度为10~40米，适合各种人群潜水，但有些偏远岛屿的水下情况复杂，更适合经验丰富的潜水员。

❖ 射水鱼

四王岛的红树林潜点生长着一种射水鱼，长相非常平凡，但是本领不小，可以用嘴喷射水珠击落树叶上的昆虫。

四王岛不仅拥有绝美的海底世界，还拥有陡峭的山坡、丛林覆盖的山峰、灼热的白色沙滩、隐蔽的潟湖、幽灵般的洞穴、奇怪的蘑菇形小岛和透明的绿松石水域，被誉为“东南亚最美丽的岛屿链”之一。

玛丽莎的花园潜点是一位荷兰潜水员最早发现并用自己女儿的名字命名的。

❖ 玛丽莎的花园潜点

在玛丽莎的花园潜点可以看到无数的稀有生物，包括把鱼卵放在嘴里直到孵化的后颌鱼。

❖ 后颌鱼

龟岛

潜　点　数　不　胜　数

龟岛的生活节奏十分缓慢，以天然纯白的沙滩、能见度极高的海水、丰富的海洋生物和良好的潜水设施而闻名，让全世界的潜水爱好者趋之若鹜。

龟岛是泰国乃至东南亚潜水教学的大本营。在龟岛和周边岛屿上有超过几十家潜水公司可以选择。

龟岛位于泰国东南部的暹罗湾中，它的外形类似一只乌龟，也有人认为过去龟岛海域盛产玳瑁和绿海龟，因此而得名。它的泰语是“Koh Tao”，又译成涛岛、稻岛。

数不胜数的潜点

龟岛是一座面积仅有 21 平方千米的小岛，最宽处 3.4 千米，最长处 7.6 千米，最高点海拔 374 米。由于当地交通不便利，所以知名度并不是很高，吸引人们来此的理由就是潜水。

龟岛周围有 11 个海湾和 10 个海角，海岸线长 28.6 千米，被 8 千米宽的珊瑚环绕，如同盛开的牡丹花丛，层层叠叠，蔚为壮观。

❖ 龟岛

龟岛周围的海域中有丰富的海洋生物，如各种热带鱼喜欢躲在礁石下休息，有时还可以看到成群的小鱼在清澈的海底悠然游动，如梦似幻。这给潜水者提供了极佳的潜水环境。龟岛周围有数不胜数的潜点，还有众多的专业潜水学校与潜店，它不仅是暹罗湾中最棒的潜水地，也是泰国最有名的潜水胜地。在龟岛，无论是潜水还是坐船游玩，都是一种难得的享受。

❖ 龟岛上的标志性建筑

众多为人赞颂的海滩

龟岛给人的印象就是宽阔美丽的海滩、洁白的沙粒和翡翠色的海水，海岸线上有众多海湾，因为远离人群，来此度假的游客常常能够独享数百米长的沙滩。

龟岛的海滩虽然洁白，但是大多沙质并不理想，海滩上的沙子都是由珊瑚碎片风化而成的，比较扎脚。其中，哈天海滩算是岛上沙质最好的私家海滩，这里水清且浅，适合游泳、浮潜和划皮划艇等。

❖ 龟岛上的潜店

❖ 塞丽海滩上的海龟石雕

1899年6月18日，泰国国王拉玛五世（1868—1910年）参观了龟岛，并在紧邻塞丽海滩的乔婆逻湾的一块巨石上留下了他的名号，由此而令此岛声名鹊起。如今，每年10月都会有一个小型的纪念仪式。

❖ 哈天海滩

龟岛西边的塞丽海滩的游客最多，这里有东南亚地区特有的阳光和沙滩，海滩上布满了充满热带风格的餐厅和酒吧，给游客提供了随意、轻松且浪漫的环境。

酒店、度假村都有独立海滩和潜点

龟岛上有很多酒店、度假村，它们大都背山面海，建造得非常美，而且酒店内的设施也非常完善，餐食美味，服务友善，非常适合度假及蜜月之旅。

这些酒店和度假村大多都有自己的独立海滩和潜点，入住的客人可以随时，甚至是半夜潜入水下，体验与大海融为一体的感受。

山林间另有隐藏的微小海滩

沿着龟岛的海滩漫步，能看到不远处的山林里掩藏着许多像电影《非诚勿扰》里的那种如小木屋一样的小别墅。如果有兴致，游客还可以徒步或者租摩托车，沿着林间小道探寻，因为那里另有乾坤，不仅有山林间的小木屋，还有隐藏在山林之间的微小海滩，这里是浮潜者最爱的潜水秘境。

❖ 龟岛上度假村门前可爱的水手雕像

❖ 依山傍水的度假村

龟岛有青山、绿林、蓝天、白云、海滩、碧水、珊瑚、沉船等各种旅游资源，潜水是来龟岛的第一选择。如果对忙碌的生活感到疲倦，想要过几天与世无争的日子，那就来这座美丽的小岛，潜入海底世界，与海洋生物零距离接触，感受它们的纯净无瑕和浪漫气息。

在龟岛潜水时禁止捕鱼，岛上的海鲜都是从外面运过来的，这样做是为了保护龟岛的自然生态环境，使潜水者能在水下看到美丽的海底世界。

❖ 龟岛安静的潜水区

南园岛

世 界 上 最 漂 亮 的 迷 你 岛

南园岛并不大，号称“世界上最漂亮的迷你岛”，拥有众多的主题乐园，如以潜水、登山、游泳、日光浴、美酒加咖啡为主题的各种乐园，无论是浅海区还是深海区都有非常美丽的海底世界和自然景观，被世界各地的潜水爱好者称为“潜水天堂”。

南园岛离龟岛不远，搭乘快艇或者人力船只需 20 多分钟的船程，岛上风景美丽，随意拍的照片都如同明信片。

南园岛位于泰国湾，临近苏梅岛，离龟岛不远，其周围的海水干净到站在沙滩上就可以看到海中漂亮的小鱼。南园岛和龟岛一样，最适合的旅游项目就是潜水，不管是浮潜还是深潜，都能找到合适的潜点。

南园岛由 3 座小岛组成，最有特色的地方在于它们被两个弯月形的细白沙滩连在一起，形成了一个天然的“人”字形沙滩。从空中鸟瞰，3 座小岛被沙滩相连的形状很像海鸥，因此，南园岛也被称为“海鸥岛”。

南园岛的著名潜点有白石、南园峰（也叫红石）、绿石、日本花园和双子峰。

❖ 白石潜点

❖“人”字形沙滩

沿着南园岛海滩可以爬上山顶，观看南园岛最美的景色，也是网红打卡点：“人”字形沙滩。

为了开发旅游资源，南园岛被泰国财政部租给泰国的一个富豪家族，成了一座私人小岛。岛主为了保护岛上的活珊瑚和生态环境，制定了苛刻的入岛条件。在南园岛海域严禁使用脚蹼，更不能采集或移动贝壳，也不可携带塑料制品或罐头上岛，以杜绝污染。更苛刻的是，岛主有权拒绝任何游客上岛，即便是游客来到门前也会被拒绝。

南园岛有世外桃源般的安静，非常适合度蜜月的情侣来此度假。无论是赤脚在细软狭长的沙滩上散步，或是相拥呢喃低语；或是化身成“鱼”，翱翔在水底世界；或是与群鱼戏耍；或是欣赏美轮美奂的珊瑚；或是透过清澈的海面欣赏蓝天白云，都是一种前所未有的享受。

❖ 南园岛美景

❖ 潜入海底

西巴丹岛

全世界潜水人心中的圣地

西巴丹岛从深至浅可以看到形状各异的珊瑚、海葵、海龟，以及由成千上万条海鱼密集形成的鱼群，甚至连最难得一见的海狼风暴在这里也随时可见，因此被誉为“全世界潜水人心中的圣地”。

西巴丹岛也叫诗巴丹岛，坐落于马来西亚的西里伯斯海上，是马来西亚唯一的深洋岛，面积仅约 4 万平方米，被称为“未曾受过侵犯的艺术品”。

鉴于海洋保护措施，西巴丹岛每天只允许 120 人上岛，并且还要有潜水证才可以下水。

如同一柱擎天

西巴丹岛如同一柱擎天，从 600 米深的海底直接伸出海面，岛屿边缘的水深如断崖般急剧加深，从 3 米浅海垂直落下为 600 米的湛蓝深海。

西巴丹岛很小，地处北纬 40° 左右，虽临近赤道，却非常凉爽，一年四季都适合潜水。这里拥有绝美的海滩，水下世界蕴含着无限活力，仿佛是上帝专为潜水者创造出来的。

西巴丹岛不仅限制上岛人数，岛上还不提供住宿，建议留宿全附近的马布岛。

❖ 西巴丹岛美景

❖ 鱼群

小小的西巴丹岛有众多潜点，其中最受潜水者追捧的潜点是海狼风暴点、南角和海龟镇。

使人震撼的潜点——海狼风暴点

海狼风暴点是一个使人震撼的、还有点风险的潜点，只有专业潜水高手才能在此欣赏如蜂拥而至的海狼风暴。海狼风暴是指一种极为凶猛的金梭鱼（真金梭鱼和鬼金梭鱼），成群急速如狼般猎杀其他鱼类的场景，它们通常不主动攻击人类。

在这个潜点除了能看到海狼风暴外，还能看到杰克鱼风暴、隆头鹦嘴鱼风暴，以及数以千计的燕鱼在海中翻飞，场面甚是壮观，难得一见。

这里的水流湍急，潜水者可根据自己的体能潜入相应的深度，切忌潜得太深。另外，为了安全，建议使用流钩将自己固定在悬崖上，然后再观看海狼风暴。

白鳍鲨大道的水深为 10~30 米，在这里常能看到 15 条以上的鲨鱼列队游行。

❖ 海底白鳍鲨

❖ 海底隆头鹦嘴鱼风暴

隆头鹦嘴鱼的头部前额向前突出，号称“珊瑚粉碎机”，它有一排整齐的大板牙，专门啃食珊瑚、贝类、海胆等无脊椎动物及藻类，是礁区细珊瑚沙最重要的制造者。

与鱼群共舞之处——南角潜点

南角潜点的平均深度为20米左右，有与海狼风暴点相同的湍急水流，也有海狼风暴、杰克鱼风暴和隆头鹦嘴鱼风暴等。乌泱泱、一波波的凶猛鱼类，急速地在潜水者身边来来回回，不仅壮观，还有点让人觉得恐怖。

南角潜点的鱼群虽然不及海狼风暴点，但是场面之壮观足以让每个潜水者留下深刻的印象。

在南角潜点周围40米内有时还能见到罕见的鲨鱼，如锤头鲨、长尾鲨。除此之外，南角潜点的海底峭壁中有不少龙虾躲在其中，这是潜水者欣赏各种“风暴”之余最爱的海底探索项目。

❖ 杰克鱼风暴

❖ 潜水者与鱼群

绚丽无比的海底——海龟镇潜点

海龟镇潜点有很多海龟。在西巴丹岛很多地方都能看到海龟，但是在海龟镇潜点能看到更多的海龟，潜点周边到处都是海龟的栖息处。

❖ 海底海龟

海龟镇潜点的深度为 14 米，海底有形状各异的珊瑚、海葵以及畅游在海葵丛中的小丑鱼等，还有海绵以及各种巨大的鱼群，它就像是遗落在水中的调色盘，把海底染得绚丽无比。

西巴丹岛的水下世界无疑是迷人的，除了以上几个独具特色的潜点之外，还有很多其他潜点，它们大都从浅水到深水分布着形状各异的珊瑚、海葵、海绵、热带鱼、海龟、龙虾等，以及成千上万条鱼组成的巨大鱼群风暴，这对潜水者来说是难得一见的视觉盛宴。

卡兰奎斯国家公园

法国的潜水天堂

卡兰奎斯国家公园的美随处可见，随手一拍都能定格在最美丽的风景之中，它漫长的海岸线上风景各异，既有悬崖峭壁和苍翠的树林，也有鬼斧神工的大自然景色，海底更有丰富的潜水资源。

卡兰奎斯国家公园位于法国南部的马赛和卡西斯之间的海岸线上，2012 年成为法国第十个国家公园。

卡兰奎斯国家公园是欧洲唯一坐落在城市周围的国家公园，面积约为 520 平方千米，其中陆地面积为 85 平方千米，剩余部分为海洋。这是一个自然风光魅力无限、同时拥有陆地和海洋的国家公园。

卡兰奎斯国家公园以僻静的峡湾和白色山岩而闻名，公园内有一段约 19 千米长、由白色碎石简单铺成的步行通道，通行于悬崖峭壁、陡峭的水湾、隐秘的沙滩和许多小海塘之间。行走在步行通道上，让人心旷神怡，通道的任意一处都可以走到海边，走进唯美的大海之中。

卡兰奎斯国家公园是 FFESSM 潜水证的培训潜点，在这里不管是零基础，还是有经验的，只要你敢，都能找到合适的潜点。在此只要大胆下潜，就会有大量惊喜在某处等你。

由于火患，夏天卡兰奎斯国家公园内大部分的海滩会关闭，但行走在海滩边的小路上，散落的碎石映着阳光，依旧能折射出动人的光彩。

❖ 卡兰奎斯国家公园陡峭的海湾

❖ 卡兰奎斯国家公园

整个卡兰奎斯国家公园几乎处处都是绝美的潜点，它以丰富的游泳和潜水资源而被誉为“法国的潜水天堂”，几乎每次潜水都有机会遇到稀有鱼类、海豚和海龟等。

在法国，最广泛的潜水证是由法国潜水体育与研究联合会颁发的 FFESSM 潜水证。

❖ 白腹隼雕

卡兰奎斯国家公园有很多珍稀的野生动物，白腹隼雕就是其中之一。

白腹隼雕为隼形目、鹰科的鸟类，是一种猛禽，体形大小同草原雕差不多，体长为 70~74 厘米，体重 1500~2525 克。白腹隼雕在繁殖季节主要栖息于低山丘陵和山地森林中的悬崖和河谷岸边的岩石上，尤其是富有灌丛的荒山和有稀疏树木生长的河谷地带。非繁殖期也常沿着海岸、河谷进入山脚平原、沼泽，甚至半荒漠地区。寒冷季节常到开阔地区游荡。

瓦度岛

与 荧 光 同 游

在马尔代夫众多迷人的海滩中，最具特色的要数瓦度岛的荧光海滩，当夜晚潜入海水中与这些幽蓝色的光亮一起畅游时，那种感觉无与伦比。

许多人以“似天际抖落的翡翠”来形容马尔代夫的地貌，也有人把它喻为印度洋上最美丽的花环。事实上，马尔代夫这个名字在梵文中就有花环的意思，如果说马尔代夫是由众多美景组成的花环，那么瓦度岛就是其中最重要的一片花瓣。

马尔代夫拥有丰富的海洋生物，包括 70 多种五颜六色的珊瑚。可以透过清澈的海水，观察到令人难以置信的海底世界。

最佳的潜水胜地

瓦度岛位于马尔代夫南环礁北端的珊瑚环礁的群礁边缘，水下周边有一圈海沟，拥有绝佳的天然景致与丰富的海洋生态，犹如一座天然的海洋水族馆。

中国历史上称马尔代夫为“溜山国”或“溜洋国”。明朝永乐十年 (1412 年) 和宣德五年 (1430 年)，郑和率领船队两度到过马尔代夫。

❖ 马尔代夫拖尾沙滩

❖ 在瓦度岛潜水

瓦度岛无论是珊瑚还是鱼类都非常丰富，给潜水者提供了绝佳的潜水环境，环岛一周有 40 个以上的潜点可供潜水者选择。2004 年，瓦度岛被《世界潜水旅游》杂志评选为“最佳的潜水胜地”，岛上的水上屋则被评选为“最佳的水上屋”。

瓦度岛首先将水上屋的概念引进马尔代夫，可以说是水上屋概念的先驱。

❖ 瓦度岛水上屋

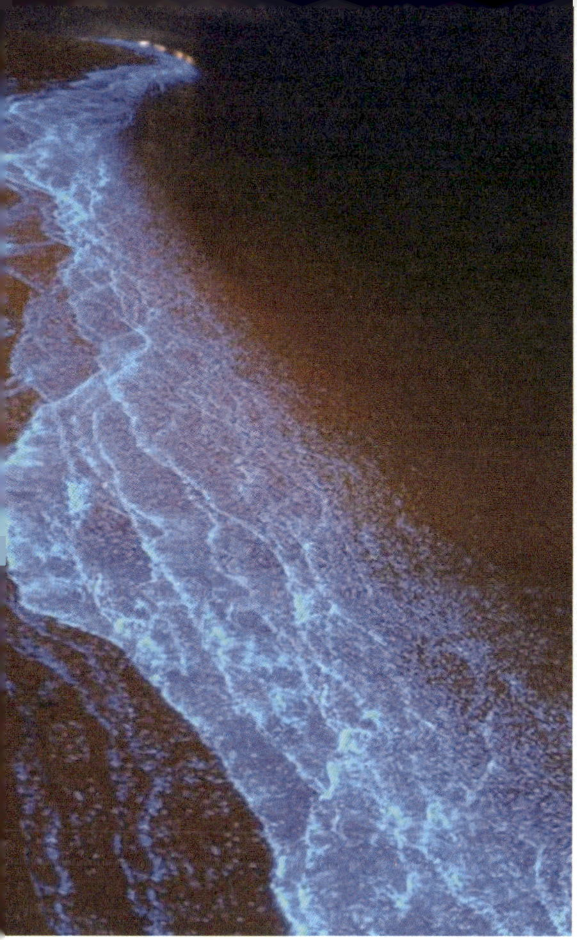

❖ 瓦度岛“蓝眼泪”

蓝眼泪

瓦度岛最值得推荐的就是夜晚会发光的海滩——瓦度岛海滩，它是世界上少有的发光海滩，在漆黑的夜幕下，海水中会散发出幽蓝色光芒，随着浪花冲在沙滩上形成“荧光海滩”，也有人将它称为“蓝眼泪”“火星潮”。

每当夜晚来临时，瓦度岛的荧光海滩都会格外的诱人，这时也是当地最佳的潜水时间，当潜水者潜入幽蓝发光的“海水”中时，会有在异域星球漫步的感觉。当潜水者不经意间触碰到海水中的光源时，它们会忽明忽暗地回应潜水者，令人如梦似幻，流连忘返。

❖ 马尔代夫美景

生物发光现象是指生物通过体内的一定化学反应，将化学能转化为光能并释放的过程。萤火虫的发光就是最为人所知的一种生物发光现象。

浮游生物散发出幽蓝的光

瓦度岛荧光海滩的光是由无数的浮游生物散发出的幽蓝色的荧光，而发出这种荧光的浮游生物多为多边舌甲藻或鞭毛藻，当它们受到海浪拍打和人为的压力时，就会像萤火虫一样发出绿色或蓝色的荧光。每当夜色降临，它们就会随着海浪的推动，发出光点拍在沙滩和岩石上，有时也会在潜水者的身上闪烁，这种景色特别迷幻。

瓦度岛不仅有发光的浮游生物，还有会发光的鱼。每当夜色降临时，在灯光的照耀下，安静的海底变得格外的诱人，如果运气好，就能碰到发光鱼，它们会闪着绿光出现在你眼前。

全世界有 7 个有名的荧光海滩，3 个在波多黎各，2 个在澳大利亚，1 个在马尔代夫，1 个在我国秦皇岛，2014 年，我国大连出现了荧光海，2020 年 10 月 27 日，辽宁葫芦岛望海寺海边也出现了罕见的“荧光海”。

中央格兰德岛

马尔代夫最著名的浮潜地点

中央格兰德岛有蓝天白云、椰林树影、七彩缤纷的珊瑚、令人目不暇接的热带鱼群，岛上最大的惊喜是沉船潜水。

中央格兰德岛的全称为“圣塔拉·格兰德岛”，也有人译成“圣塔拉岛”，它位于南阿里环礁，距离马尔代夫首都马累 70 千米，乘坐水上飞机约 25 分钟即可到达，是马尔代夫最著名的浮潜地点。

珊瑚礁沉船潜点

马尔代夫是全球三大潜水胜地之一，海水的能见度高，大多数能见度可达到 30 米，这为潜水提供了巨大的优势。

中央格兰德岛为马尔代夫的最佳潜点之一，拥有得天独厚的天然珊瑚礁和潟湖，相对于其他海岛，这里的潜水资源更丰富，距离主岛更近，也更方便。

中央格兰德岛最知名的潜点是位于潟湖边的一艘海底沉船残骸，它已经和旁边的珊瑚礁融为一体，是马尔代夫最著名的浮潜点。沉船残骸上长满了珊瑚，成了海洋生物生活的天堂，几乎每个潜水者在沉船附近都能欣赏到海龟、鲸鲨、魟鱼、鹦鹉鱼、小丑鱼、刺尾鲷和其他很多不知名的鱼。

❖ 鸟瞰水上屋

中央格兰德岛的沉船

幻境之中的水上屋

中央格兰德岛在距离海岸大约 10 米的地方，有很多马尔代夫最具代表性的水上屋。水上屋原本只是当地岛民搭建的水上居住小屋，屋顶用晒干的棕榈叶编制的草

水上屋屋顶用的是马尔代夫随处可见的棕榈树叶，这种树叶含有大量的胶质，并且非常柔韧，不仅能够纳荫，还能够耐盐、耐碱、抗风、防水、防虫、防霉烂，不易燃烧。用晒干的棕榈叶编制的草帘铺好屋顶后，为防止棕榈叶被风吹掉，还要用结实的细绳在屋顶拦上几道，进行加固。

中央格兰德岛水上屋

在水上屋前潜水

❖ 马尔代夫美景

帘覆盖，每间屋子都是独立的，凭借小木桥连接到岸边，有的水上屋没有木桥连接，而是需要浮潜或者划船摆渡才能到达。如今，随着旅游业的发展，水上屋被开发成宾馆、客栈、度假村，成为浮潜者的休息场所，也成了马尔代夫最热门的风景。

中央格兰德岛的每一间水上屋都是绝佳的浮潜和休憩观海的场所，即便不下海，在水上屋也能看到海里五彩斑斓的热带鱼和鲜艳夺目的珊瑚礁。仰卧在水上屋露台的躺椅上，可以欣赏清晨绚丽的海上日出或晚上的满天繁星，听海风和海浪的歌唱。

马尔代夫的旅游旺季一般是9—10月到次年2—3月，这时的海水清澈，雨水少，适合阳光浴、潜水，其余的时间为旅游淡季，雨水多。

❖ 中央格兰德岛树丛中的沙屋

中央格兰德岛除了水上屋外，还有沙屋，它们一般都建在海湾中或者沙滩边的树丛中的沙地上，沙屋和水上屋隔海相望，往返需要坐船。沙屋虽然缺少了水上屋低头可见的海底美景和侧耳可听到的海风、海浪声，但沙屋外满眼都是空旷的沙滩、树木和忙碌的小沙蟹，对于喜欢较私密一点空间的游客来说，不失为一种好的选择。

阿里环礁位于马累西边，官方名字为阿里夫，分为北阿里环礁和南阿里环礁，它是最好的潜水地之一，南阿里环礁至今是世界上观看鲸鲨的最佳地点之一。

斯米兰群岛

世 界 十 大 潜 水 胜 地 之 一

斯米兰群岛是泰国最美的离岛，每年只有半年开放，这里的海水清澈透明，有翡翠色的果冻海，在这样迷人的海水里潜水是一种真正的人生享受。

蔚蓝的大海和广阔的沙滩是斯米兰群岛的“标配”风景，丰富的海洋生物和壮美的珊瑚礁则使它成为世界级的深潜胜地。

斯米兰群岛是散布在普吉岛西北90千米的安达曼海上的9座岛屿的统称，也是离大陆相对较远的泰国离岛。

被泰国政府精心呵护的海

泰国政府为了保护斯米兰群岛这片海域多种多样的生物，保留住它真实自然的状态，仅在每年的11月至次年4月开放，只将半年的时间留给游客，剩下的半年时间关闭公园以休养生息，让生物们尽情地自由生长、繁衍生息。

在泰国政府的用心保护下，斯米兰群岛始终保持着它的天然与本真，是罕见的自然天堂，有丰富的、种类繁多的海洋生物，以及壮观的珊瑚礁，因此吸引来了世界各地的潜水者。泰国政府为了保护水下资源，在斯米兰群岛各岛屿的潜点设置了许多浮标供船只悬系，以防止游船任意下锚，伤害水下的珊瑚等生物。

斯米兰群岛有翡翠色的果冻海，快艇静静地漂在上面，若不是海底的影子作参考，绝对会让人产生快艇飘浮于空中的错觉，一切的喧嚣和吵闹仿佛都化在了这片海里。

❖ 斯米兰群岛风景

世界十大潜水胜地之一

斯米兰群岛的海水能见度极高，哪怕在岸边都能清楚地看到丰富多彩的海底世界，被美国《国家地理》杂志和英国《卫报》评选为世界十大潜水胜地之一。

❖ 蔷薇珊瑚

斯米兰群岛素有“珊瑚花园”之称，水下世界随处可见珊瑚覆盖在珊瑚岩上，美不胜收。整个海域有 20 多个被泰国政府标志为合格的潜点并安放了浮标，供潜水船带潜水者来此浮潜和深潜。在斯米兰群岛的众多潜点中，象头岩和“Ko Bon”是其中最具代表性的。

斯米兰群岛偶尔有鲸鲨路过，因此也是一处观鲸鲨点，但是最佳的观鲸鲨之地并不在这里，而是在不远处的苏林群岛的黎塞留岩。

象头岩

象头岩位于斯米兰群岛的 8 号岛西南角，它是由一片伸出海面的不规则的巨型岩石组成的，因其中有一处貌似象头而得名。

象头岩水下由石块堆叠成了一个大到惊人的迷宫，迷宫的岩石上被各种珊瑚覆盖着，如小海

风帆石是斯米兰群岛为数不多的陆地上的网红打卡点。

❖ 风帆石

❖ 象头岩

❖ 细软沙滩

漫步在细软的白沙滩上，看着颜色渐变的海面在远处与天空相连，这种景色已经将人深深地迷住，当潜入水中，看到纯净的水下世界时，心便会彻底沉醉。

扇、软珊瑚和大型桌面珊瑚等。迷宫中生活着大量的海洋生物，如白鳍鲨、大梭、海鳗，它们会躲藏在裂缝或珊瑚之中休憩。此外，还有成群的蓝鳍鲹、金枪鱼、小丑鱼、刺尾鱼、狮子鱼、钩鳞鲀等。

潜水者无论是从象头岩迷宫上方或下方游过，还是直接从迷宫中间穿行而过，都能近距离地与各种鱼类邂逅，有一种让人意想不到的潜水体验，这里也成了斯米兰群岛最负盛名的潜点之一。

斯米兰群岛比较有名的潜点有三重拱、圣诞角、早餐角、泊船岩、唐老鸭湾、鸡毛礁、灯台礁、灯台角、象头岩、海葬水域、东乐园、巨石柱群、珊瑚礁、列查利珊瑚礁等。

Ko Bon

“Ko Bon”被称为“有窗户的岛”，在斯米兰群岛东北方21千米的海中，是一座几乎接近泰国和缅甸边境的小岛，也是斯米兰群岛一处知名的潜点。

“Ko Bon”并不大，沿岸的岩石脊上长满了珊瑚，在一个只有30米深的小型岬角处有一个蝠鲼清洁站，聚集着许多

❖“Ko Bon”全景

❖ 象头岩近景

专门等待“客人”上门的蓝纹濑鱼和蓝头濑鱼，这些濑鱼会帮蝠鲼清除身上的寄生虫，因此，这里成了一个热门潜点，是潜水者欣赏蝠鲼的观察点。

除此之外，在“Ko Bon”西南角水底还有一个气孔，经由海水不断翻滚而聚集了大量的气泡，每当有潜水者从气孔上游过，就会带动大量的气泡，翻滚着从珊瑚群中接连地冒出，从而吸引一些不知名的小鱼前来围观。

斯米兰群岛因为离我国很近，大部分来此的都是中国人，因此不用担心说汉语没人能听懂。除了中国人外，俄罗斯人也特别多。因此，在斯米兰群岛浮潜时，要选择稍微人少一点的潜点，否则会因为太过热闹而很难看到成群的鱼类。不过深潜则不会受此干扰。

斯米兰群岛潜水多以船宿潜旅为主，机动性强，可以充分体会每一个潜点的特色，斯米兰群岛的海底景观以巨大的花岗岩与各种各样的珊瑚组成，与其他地方的潜点相比，给人一种完全不同的感受。

处处皆是潜点

在斯米兰群岛不仅有象头岩和“Ko Bon”，还有很多非常有名的潜点，如圣诞角、仙境礁和 Eagle Ray Rock 的鳐鱼等，五彩斑斓的可爱小鱼穿梭在珊瑚花园中，幸运的话，还可以和海龟来个亲密接触。虽然斯米兰群岛可谓处处皆是潜点，可惜很少有大型的鱼类，只是偶尔会看到美洲豹鲨鱼、鲸鲨，甚至鲸。不过，当潜入斯米兰群岛的海水中时，一切遗憾都会瞬间消失，让人不知不觉地沉醉在绮丽多姿的海底世界之中。

❖“Ko Bon”海底世界

恐龙湾

水 下 鱼 肥 、 胆 子 大

恐龙湾是一个超大的"U"形海湾，将它称为上天的恩赐一点儿都不夸张，因为这里的海滩和海底世界拥有世界上独一无二的美，很容易让人在不知不觉中迷失。

马克·吐温曾说："夏威夷是全世界最美丽的群岛"，作为夏威夷第三大岛的瓦胡岛堪称夏威夷的心脏，恐龙湾就在瓦胡岛上。

恐龙湾有许多形象的名字

恐龙湾也称为鳄鱼湾，更有欧洲人称其为马桶圈。据说，恐龙湾这个名字是中国人给它起的，因为从海湾的一头远远望去，像是一头恐龙趴在海水之中。恐龙湾还有一个名字叫作马蹄湾，因恐龙湾的海岸受海浪万年不变的拍击而倒塌，变成像被马蹄踩过的形状一样。恐龙湾的各种名字都很形象地说明了它呈"U"形环抱大海的模样。

❖ 恐龙湾美景

夏威夷最理想的潜水地之一

❖ 鸟瞰恐龙湾

鸟瞰恐龙湾，其形如一头巨大的鳄鱼张开着口在喝水。

恐龙湾是瓦胡岛上的一座海滩公园，鸟瞰整个海滩，就像一幅大自然鬼斧神工创造出来的现代派抽象画。恐龙湾是由火山喷发以后，火山石堆砌而成的海湾，海水非常清澈，浪小，海里有多种矿物质，因此滋养了众多的海洋生物，如各种珊瑚和热带鱼类。恐龙湾水下的鱼类长得很肥，胆子也非常大，只要手捧鱼食，放入水中，它们甚至敢一哄而上，从投喂者手中直接抢夺食物，抢完后直接游走。恐龙湾水下因拥有丰富的生物，自然而然地成为潜水者的最佳选择，它也因此成为瓦胡岛最理想的游泳和浮潜地之一。

恐龙湾是电影《蓝色夏威夷》的外景地之一。

据海洋生物研究专家统计，世界上海洋鱼类保护区平均每英亩（1 英亩等于 0.004 平方千米）海水里的鱼群的总重量在 1000~2000 磅，但是恐龙湾里的鱼群的密集度超过每英亩 3000 磅。

瓦胡岛位于可爱岛和茂宜岛之间，是美国夏威夷州的首府檀香山（火奴鲁鲁）的所在地，也是夏威夷群岛中人口最多的岛。

❖ 水下珊瑚

恐龙湾的鱼因常年被游客喂养，造成了海水污染，使水下珊瑚礁石大面积受到破坏。当地政府为了防止海湾进一步被污染，如今每天只允许 3000 名左右的游客到访，并规定每星期二不开放。

绿岛

与 世 无 争 的 小 岛

淡绿色、浅蓝色、青靛色是画大海时最好、最确切的颜色，这些颜色绘就了绿岛如同梦幻般的童话世界，水里的一切都清晰可见，令人难以置信。

❖ 在海底与鱼共舞

绿岛是大堡礁 300 多座珊瑚岛中唯一生长有热带雨林的小岛。

凯恩斯是一座充满魔力的滨海城市，位于澳大利亚昆士兰州，是前往世界奇观大堡礁的必经之地。

绿岛这个名字有两种解释：一是指被绿色雨林覆盖的小岛；二是说小岛被碧绿通透的海水包裹着。

绿岛又名格林岛，距离凯恩斯仅 28 千米左右，坐船大约需要 1 小时，是大堡礁珊瑚礁群中的一座小岛，属于大堡礁世界遗产保护区。

绿岛很小，沿海岸线徒步一圈只需 40 分钟左右。它以洁白的沙滩、碧蓝的海水和热带雨林而著称，是人们到大堡礁旅游的打卡胜地。

绿岛与世无争，万物自然地生长，热带雨林茂盛，各种海鸟低空飞掠，蜥蜴懒散地在树林或者沙滩上散步，寄居蟹举着贝壳旁若无人地溜达，一片与世隔绝的景象。不过，绿岛上各种旅游设施齐全，海滩上有水吧、潜店和一些生活商店。

绿岛是一座由珊瑚礁构成的海岛，海底有无数色彩艳丽的珊瑚和各种各样的热带鱼、海星、贝类、小虾、小蟹等，是深潜、浮潜、乘坐玻璃船看海底生物的绝佳场所。

❖ 绿岛全貌

翡翠岛

生 态 环 境 超 级 好 的 小 岛

翡翠岛是大堡礁海洋公园水域内最纯净、最原始的一座岛屿，至今还未被人工破坏，保留着最自然的风貌，整座翡翠岛上有许多浮潜、戏水的地方。

翡翠岛距离凯恩斯约30千米，坐船大约需要45分钟，它位于大堡礁世界遗产保护区内，离绿岛很近。

翡翠岛有20个绿岛那么大，岛上有很多大小不一的白沙滩，大部分海滩上都会有暴露在沙滩上的珊瑚，不小心会扎脚，其中最有名的海滩是欢迎湾和纽迪海滩（又叫天体海滩）。

在翡翠岛一个隐秘的小海湾内有岛上最佳的浮潜和游泳的地方，也是大堡礁备受好评的浮潜胜地。

和绿岛一样，翡翠岛海域有各种各样的热带鱼、海星、贝类、小虾、小蟹、海龟等，非常适合浮潜、深潜、乘坐玻璃船等活动。

除此之外，翡翠岛的南端有一座灯塔，这是澳大利亚最后一座有人驻守的灯塔。灯塔面朝大海，景色优美，

❖ 翡翠岛的海龟

❖ 翡翠岛海滩

❖ 欢迎湾

❖ 澳大利亚最后一座有人驻守的灯塔

是非常理想的拍照打卡之地。在灯塔不远处有一条小径，可以通往岛屿的各个方向，非常适合徒步欣赏全岛风景。

翡翠岛又名海龟岛，这座小岛的中国游客很少，以欧美游客为主，游客没有绿岛多。翡翠岛是一座生态环境非常好的小岛，岛上有一处海龟疗养所，海滩上常会有海龟出没，是一个不仅可以在潜水时和海龟接触，还可以在陆地上和海龟近距离接触的地方。

❖ 纽迪海滩

兰塔岛

看 鲸 鲨 宝 宝 的 最 佳 场 所

这是一座“养在深闺人未识”的海岛，如果你想体验泰国风情，又不想那么喧嚣，这里绝对不能错过。

兰塔岛坐落在安达曼海的西海岸，位于普吉岛和甲米岛南面，由52座岛屿组成，其中包括小兰塔岛和大兰塔岛这两座最大的岛屿，岛屿周围环绕着珊瑚礁，大兰塔岛是大部分美丽的海滩以及旅游景点的所在地。

❖ 科摩多巨蜥

科摩多巨蜥又名科莫多龙，是与恐龙同时代的史前怪兽，也是已知现存种类中最大的蜥蜴。已濒临灭绝，野外仅存3000只左右。

南北高度差500米

兰塔岛的地形奇特，岛屿被一条长27千米、南北向并遍布原始热带雨林的山脉横穿，山脉的北部和南部的高度差有500米，其间有多条徒步路线。

从兰塔岛的北边向南边走，给人一种从繁华到寂静的感觉。兰塔岛北部的码头比较繁华，越往南走越僻静，南部是著名的穆兰塔国家公园，公园内有山和海滩，这里的自然环境得天独厚，生活着各种野生小动物，行走在公园内，几乎每个人都能有幸看到科摩多巨蜥和调皮的猴子。

兰塔岛海滩的细沙下全是坚硬的岩石。

❖ 兰塔岛海滩

❖ 在兰塔岛潜水

离兰塔主岛不远的离岛HAA岛是兰塔岛的最佳潜点之一。

水肺爱好者的天堂

除了原始森林外，兰塔岛以长长的海滩、安静的要塞以及水上和水下的自然美景而闻名，备受海滩爱好者和水肺潜水爱好者喜爱。

翡翠洞位于兰塔岛海域，是一座海中小岛，在海面处有一个溶岩洞穴。

❖ 翡翠洞

兰塔岛最有名的潜点是红岩和紫岩，这里的海水是整个安达曼海域中最优质的，海底世界也十分原始壮观，有各种鱼群、憨笨的海龟和繁茂的海葵。

在兰塔岛海域潜水时，最让人疯狂的是会遇到鲸鲨和它们的宝宝，这对潜水者来说是梦寐以求的邂逅。因此，兰塔岛被称为世界范围内看鲸鲨宝宝的最佳场所之一。

兰塔岛属于相对小众和清静的岛屿，岛上游客较少、景点分散、物价便宜，整座岛屿除了北边的码头、兰塔老镇和几个有名的潜点比较热闹外，其他地方都比较安静。与热闹的皮皮岛和普吉岛相比，兰塔岛简直就是一个隐世秘境，是喜欢安静的游客的避世天堂。

❖ 兰塔老镇海边风景

兰塔老镇是岛上最热闹的地方，只是一条商业步行街和一个有很长一段栈桥的码头。传闻老镇很早之前住的是福建华侨，所以老镇街道的建筑多多少少带有中国古风的味道，与我国的小农村有点像。

穆兰塔国家公园内最吸引人的当属那一片顶级沙滩，沙滩边有一座废弃的灯塔，是很有名的网红打卡点。

❖ 穆兰塔国家公园内的灯塔

这是兰塔老镇最南边的一座非常漂亮的微型寺庙。

❖ 微型寺庙